J. C. Albert Moll

Johannes Stöffler von Justingen

Ein Characterbild aus dem ersten Halbjahrhundert der Universität Tübingen

J. C. Albert Moll

Johannes Stöffler von Justingen
Ein Characterbild aus dem ersten Halbjahrhundert der Universität Tübingen

ISBN/EAN: 9783743613188

Hergestellt in Europa, USA, Kanada, Australien, Japan

Cover: Foto ©ninafisch / pixelio.de

Manufactured and distributed by brebook publishing software (www.brebook.com)

J. C. Albert Moll

Johannes Stöffler von Justingen

Meister Hanns Döffler
ordinarij In der Schreiberey vff
der wirdigen Hohenstift zu
Nördlingen

Johannes Stöffler von Justingen.

Ein Characterbild

aus dem

ersten Halbjahrhundert der Universität Tübingen

von

Dr. J. C. Albert Moll,

Oberamtsarzt in Tettnang,

Ritter I. Classe des Friedrichsordens, Inhaber des Olgaordens, der goldenen Civilverdienstmedaille und der deutschen Kriegsdenkmünze, Präsident des Vereins für Geschichte des Bodensee's und seiner Umgebung, Ehrenmitglied des Vereins für Geschichte und Alterthumskunde in Hohenzollern und des Museumsvereins in Vorarlberg, correspondirendes Mitglied des Vereins badischer Medicinalbeamter rc.

Mit 6 Holzschnitten.

Lindau.
Commissionsverlag von Joh. Thom. Stettner.
1877.

Der

Universität Tübingen

bei der

Feier ihres 400jährigen Bestehens

gewidmet

vom

Verfasser.

Vorrede.

In den nachfolgenden Blättern ist das Leben und Wirken eines Mannes geschildert, der beim Uebergang vom 15. ins 16. Jahrhundert angestaunt war, jetzt aber beinahe vergessen ist, oder nur flüchtig erwähnt wird, wenn von der ersten Zeit der Universität Tübingen die Rede ist.

Bei der Alterthumsversammlung in Constanz 1862 wurde der Globus von Stöffler in der Lyceumsbibliothek daselbst allgemein bewundert. Niemand wußte Näheres von dem Verfertiger Joh. Stöffler Justingensis. Damals konnte ich Auskunft geben, denn schon in meiner Studienzeit in Tübingen (1837—40) hat mich Stöffler angezogen. Ich sah in ihm einen Gelehrten hohen Ranges und einen Mann, der im Gebiete der Naturwissenschaften eine hervorragende Stelle einnahm. Diese Sympathien für Stöffler wurden gesteigert, als ich in ihm einen Volksarzt kennen lernte, dessen Abhandlungen ihn und seine Zeit charakterisirten und die nachfolgenden Erscheinungen auf dem Gebiete der Heilkunde aufklärten.

VIII

In der Jahresversammlung des Bodenseevereins zu Constanz am 4. September 1871 hatte ich die Aufgabe übernommen, einen Vortrag über Stöffler und seinen Globus zu halten. Derselbe fand wohlwollende Aufnahme, ich ließ denselben aber nicht drucken, weil er mich wegen seiner Lücken nicht befriedigte. Seit 1871 habe ich mich mit weiteren Forschungen über Stöffler befaßt und von allen Seiten Kundschaft eingezogen. Ein zeitraubender und geschäftsvoller Beruf ließ die Arbeit nur langsam gedeihen, auch wird sie stark nach der Lampe riechen, weil sie nur Nacht= arbeiten ihr Entstehen verdankt.

Da ich mich einzelnen Abschnitten, namentlich über Mathe= matik, Astronomie und Calenderverbesserung nicht gewachsen fühlte, wollte ich Männer gewinnen, welche diese Capitel besser bearbei= ten könnten. Ich habe aber hiefür Niemand gefunden und deß= halb lasse ich Autoren über Stöffler sprechen, die jetzt nicht mehr unter den Lebenden wandeln. Ich erachte es überdieß für richtig, wenn man bei Schilderung eines Mannes ihn mit seinen eigenen Worten sprechen läßt. Aus diesem Grunde erscheinen in der Abhandlung so viele Stellen aus Stöfflers Schriften.

Ohne die großen Unterstützungen von verschiedenen Seiten, namentlich dreier Männer, welche die Geschichte Württembergs in epochemachender Weise bearbeiteten und ausbildeten: Direktor von Stälin, Vicedirektor von Kausler und Oberstudienrath Haßler, würde die Arbeit noch größere Lücken haben, als sie wirklich hat. Sie sind seit dieser Zeit zu Grabe gegangen, aber meine Dank= barkeit für ihre Hülfe hat darum nicht aufgehört. Weiter haben mir Major Würdinger in München, Universitätsbibliothekar Wussin in Wien, Stadtarchivar Dr. Marmor in Constanz und Bibliothekar Dr. Klüpfel in Tübingen treuen Beistand geleistet. Mögen diese Gelehrten den Dank annehmen, den ich ihnen hiemit ausspreche!

Schon in früheren Abhandlungen über Widmann, Fuchs, Vischer und Degen[1]) habe ich den Zustand der Tübinger medicinischen Fakultät in ihrem ersten Jahrhundert geschildert. Mit der Abhandlung über Stöffler sind nun die berühmtesten Männer jener alten Zeit, so weit sie Medicin und Naturkunde betreffen, bearbeitet. Es gereicht mir auch zur hohen Befriedigung, die Universität Tübingen, auf welcher ich selbst meine Studien absolvirte, zur Feier ihres 400jährigen Bestehens mit einer Abhandlung über einen alten Lehrer begrüßen zu können. Der Verein für Geschichte des Bodensee's erleichterte die Herausgabe dieser Schrift, denn auch er nimmt durch dieselbe Antheil an der hohen Feier, welche ganz Deutschland mit den wärmsten Gefühlen vollziehen sieht.

Tettnang im Juli 1877.

Dr. Moll.

---

1) Sie sind im medicinischen Correspondenzblatt des würtembergischen ärztlichen Vereins erschienen in den Jahrgängen XXII, 19; XXII, 44; XXIV, 20 und XXVI, 11.

I.

Stöfflers Abstammung und Biographie.

Alle Schriftsteller, welche von **Stöfflers** Geburtsorte sprechen, bezeichnen Justingen als denjenigen, an welchem er am 10. Dezember 1452 das Licht der Welt erblickt haben sollte. Da das Tauf-, Ehe- und Todtenbuch in Justingen, Oberamts Münsingen, erst im Jahre 1698 beginnt, so konnte über **Stöfflers** Abstammung nichts aus demselben entnommen werden. Auch die sorgfältigsten Nachforschungen ergaben kein Resultat, denn an keine bürgerliche Familie heftet sich in Justingen auch nur ein leichter Anklang an den Namen **Stöffler**.

In seinem großen römischen Calender¹) nennt sich **Stöffler** „einen Ritter der Kirche Jesu Christi" (ecclesiae Jesu Christi militem), auch redet ihn der Herausgeber Jakob Köbel als „einen christlichen Ritter der Kirche Christi" in der Vorrede²) an. Auf dem Globus in Constanz ist neben dem Namen **Stöfflers** auch ein Wappenschild, der in weißem Felde einen schwarzen stehenden Löwen mit vielgetheiltem Schweife trägt. Dieses Wappen ist nun unzweifelhaft dasjenige der **Freiherren von Stöffeln**, auf welche Familie die eben angeführte Selbstbezeichnung und Anrede entschieden hinweisen³).

Wappen der Herren v. Stöffeln nach einer archival. Urkunde.   Wappen J. Stöfflers auf dem Globus in Constanz.

---

1) Römischer Calender, deutsch 1522, Blatt I.
2) Daselbst, Vorrede, Seite I b.

Die Freiherren von Stöffeln waren ursprünglich sehr begüterte Vasallen der Pfalzgrafen von Tübingen und hatten ihre Stammburg bei dem Dorf Gönningen, O.-A. Tübingen. Die Burg selbst lag auf dem Stöffelberge; dieselbe ist jetzt beinahe spurlos verschwunden und nur vier hinter einander quer über den Bergrücken laufende Gräben, welche die von Natur allein zugängliche Ostseite vertheidigten, sind noch sichtbar[1]). Die Besitzungen der Herrn von Stöffeln lagern inmitten der achalmischen Lande, und da sie das gleiche Wappen wie die achalmischen und urachischen Grafen führen, so kann man sie als einen Seitenzweig dieses alten Grafengeschlechtes, das heute noch in den Fürsten von Fürstenberg seine Fortsetzung gefunden hat, ansehen[2]). Die freien Herren von Stöffeln treten um 1100 auf. Conrad von Stöffeln dichtete um's Jahr 1280 den zum Artuskreise gehörigen Cauriel de Muntavel. Im 13. Jahrhundert theilte sich die Familie in die Zweige Gönningen, Winberg und Bonlanden und Conrad von Stöffeln hatte 1230 den Hof Geisnang, die Stelle, auf welcher heute Ludwigsburg liegt, von den Pfalzgrafen von Tübingen zum Lehen. — In der Gönninger Linie erwarb Conrad von Stöffeln durch Heirath mit einer Tochter Anselms von Justingen einen beträchtlichen Theil der Güter dieses Geschlechtes und wurde Stammvater der Stöffeln von Justingen. Diese Linie überlebte die andern und erlosch nach 1500 mit Heinrich Onarg von Stöffeln[3]).

Durch Alter und Heirathen verwandt mit den ersten schwäbischen Geschlechtern, den Grafen von Zollern, den Grafen von Urach-Fürstenberg, waren die Stöffeln als angesehene und reiche Ritter bei verschiedenen Vorgängen Zeugen, so unter anderem auch auf Schloß Württemberg, als Ulrich und Eberhard Eglof von Steußlingen 1270 belehnten[4]). Zwischen Eberhard im Bart und Hans und Heinrich von Stöffeln entspann sich eine Fehde wegen Anlegung eines Bergwerkes in der Nähe von Justingen[5]). Beide Stöffeln unterlagen und Heinrich nahm 1483 eine Wallfahrt nach Jerusalem vor, woselbst er am heiligen Grabe zum Ritter geschlagen wurde[6]).

Schon um diese Zeit scheint der Wohlstand der Familie sehr im Rückgange gewesen zu seyn, denn in einer Urkunde sagt Heinrich von Stöffeln, daß sein Geschlecht verarmt und sie des Grafen von Württemberg Diener und Landsaßen wären.

Das Schloß Justingen, auf welchem unser Stöffler geboren seyn könnte, liegt eine halbe Stunde vom Dorf Justingen höchst malerisch auf einem wilden Felsenvorsprunge des Schmichthales über dem Dorfe Hütten und war der Sitz des berühmten Geschlechtes der Herren von Justingen. Es war ein großes und bis 1825 bewohnbares massives Gebäude, das aus 4 Flügeln bestand, die einen Hof umschlossen.

---

1) Beschreibung des Oberamtes Tübingen 1867, p. 382.
2) Fürstenbergisches Urkundenbuch, Tübingen 1877, p. 4.
3) Beschreibung des Oberamtes Tübingen p. 383, und Schmid Geschichte der Pfalzgrafen von Tübingen 1853.
4) Schmid a. a. O. p. 212.
5) Sattler, Grafen III, 128.
6) Feyerabend, Reisebuch 257. Seine Reisegefährten waren Werner von Zimmern, Hans Truchseß von Waldburg und Bernhard von Rechberg. Felix Fabri schildert die Reise, denn er begleitete die adeligen Herren.

1826 wurde es abgebrochen und heute bezeichnen nur wenige Ruinen die alte Ritterburg [1]).

Der Name **Stöffeln** wurde im Mittelalter von den Trägern desselben, sowie von Andern auf die verschiedenste Art geschrieben. Es nannte sich das Rittergeschlecht: Stophele, Stophilo, Stoffele, Stopheler, Stoffler, Stöffler. Schon 1250 ist Conrad Stöffeler dictus de Winberg [2]) angeführt, ein Name, der gleich lautet mit dem unseres Stöffler. Seiner Ableitung nach hat das altdeutsche Wort stouf, stauf, staup, stouph, stoufa, staufen die Bedeutung eines Berges oder hochragenden Felsen. Stöffler selbst nennt und schreibt sich verschieden. In seinem Calender nennt er sich auf dem Titel Johannes Stöffler von Justingen; am Schlusse Johannes Stoffler von Justingen. In den amtlichen Prozeßakten gegen Bubenhofen wird er Meister Hans Justinger genannt. 1524 unterschreibt er in den gleichen Akten „Caplan Meister Hans Stöffler". In den lateinisch geschriebenen Schriften nennt er sich stets Johannes Stöffler Justingensis. Das Wort Justingen fehlt bei seinem Namen so selten, daß man annehmen muß, Stöffler habe damit nicht sein Geburtsort, sondern seinen Familiennamen ausgesprochen. Und wie es heute nach Piller von Limburg, Reuttner von Weil, Hiller von Gärtringen, Hofer von Lobenstein ꝛc. gibt, so hieß ein Rittergeschlecht Stöffler von Justingen, nachdem es in den Besitz der justinger Güter gekommen. Und diesem Geschlechte gehörte derjenige Mann an, der Gegenstand dieser Schrift ist.

Justingen ist als Geburtsort der beiden Bergenhanse und Heinrich Bebels bezeichnet. Letzterer ist aber in dem zur Pfarrei Justingen gehörigen Orte Ingstetten in bürgerlichen Verhältnissen geboren, und wurde als Professor der Beredtsamkeit und Dichtkunst in Tübingen (1497) sehr berühmt. Die beiden Bergenhanse, Naucleri [3]), sind nach Urkunden ritterlicher Abkunft. Da nun in Justingen nur das Geschlecht der Justingen und Stöffeln seit der Geburt der Bergenhanse war, so ist zu schließen, daß die Mutter des berühmten Bruderpaares dem Geschlecht der Justingen oder Stöffeln angehörte und somit wären die beiden Bergenhanse und Stöffler nahe mit einander verwandt. Daß diese Verwandtschaft mit dem Canzler der Universität Tübingen, Johannes Bergenhans, möglicher Weise von Bedeutung für die Berufung Stöfflers nach Tübingen hätte seyn können, möge hier nur angedeutet werden.

Ohne weitere genealogische Auseinandersetzungen sey gesagt, daß in der Mitte des 15. Jahrhunderts in Justingen Hans und Heinrich von Stöffeln lebten. Hans Stöffler [4]), welcher 1498 starb, hatte nur einen Sohn Heinrich Onarg von Stöffeln [5]), welcher 1511 bei Herzog Ulrichs von Würtemberg Hochzeit erscheint und als dessen Rath 1520 in Nagold starb. Dieser hinterließ nur eine Tochter. Von diesem Stöffeln wird gesagt, er sey der Letzte des Stammes gewesen, was gewisser-

---

1) Oberamtsbeschreibung von Münsingen 1825, p. 183.
2) Fürstenbergisches Urkundenbuch, p. 264.
3) Ueber Bergenhans siehe: Heinrich Moll, Johannes Bergenhans, Tübingen 1864.
4) Hans Stöffel von Justingen ist im Kloster Urspring beigesetzt, wo die Stöffeln ihre Grablege hatten. Auch war daselbst eine von ihnen (1350) gestiftete Stöfflische Caplanei.
5) Württemb. Dienerbuch v. Georgii. Stuttgart 1877, 344.

maßen richtig ist, weil Johannes Stöffler als Cleriker den Stamm nicht fortsetzen konnte.

Heinrich von Stöffeln muß daher fast nothwendig als Vater unseres Joh. Stöffler angesehen werden, denn ein Bruder Valerius von Stöffeln, der 1472 erscheint, tritt nie mehr auf. Heinrich von Stöffeln scheint die ökonomische Zerrüttung der Familie vollendet zu haben, denn es wurde ihm in der Person seines Vetters Friedrich II. Grafen von Zollern und Bischofs von Augsburg ein Pfleger gesetzt und 1491 wurde Schloß und Herrschaft Justingen verkauft.

Wie in andern adeligen Familien, so hatte sich auch in der von Stöffeln ein Theil der Glieder dem Kirchendienst gewidmet. So ist Albrecht von Stöffeln 1300 Kirchherr in Gönningen, Adelheid und Bertha von Stöffeln wurden beide Priorinen in Offenhausen, erstere 1346, letztere 1365. Die Stöfflerische Familie hatte für die theologische Erziehung ihrer Stammesgenossen besondere Gründe, denn in mehreren Gemeinden, vorzugsweise in Gönningen und Justingen, übte sie das Patronatsrecht aus, und so konnte es auch kommen, daß unser Stöffler schon in jungen Jahren die gute Pfarrstelle in Justingen erhielt.

Das Wort Justingen, welches Stöffler stets seinem Namen beisetzt, war die Veranlassung, Justingen als seinen Geburtsort anzugeben. Stöfflers Inscription in das noch vorhandene Matrikelbuch der Universität Ingolstadt kann der Vermuthung Raum geben, daß er in Blaubeuren geboren sey, denn dort schrieb er sich als: „Joannes Stöffler de Blabewren" ein. Aus der Geschichte von Blaubeuren¹) ist nun bekannt, daß in älteren Zeiten manche adelige Geschlechter daselbst Häuser hatten oder auch dort wohnten²). Dieses geschah vorzugsweise, um den Kindern in dem Kloster eine möglichst gute Erziehung geben zu lassen. Daß die Eltern von Johannes Stöffler von Justingen, wo ihre Herrenburg stand, in das nur 2 Stunden davon entfernte Blaubeuren gezogen seyen, ist sehr wahrscheinlich. Ob aber Johannes Stöffler in dieser Stadt das Licht der Welt erblickt hat, muß zweifelhaft bleiben.

Auf dem Bilde Stöfflers in der Aula in Tübingen ist zwar der Ort des Todes, Blaubeuren, nicht aber der Ort der Geburt angegeben. Als Geburtstag gibt aber das Bild genau an: nat. 1452, 10 Dec., hora 6 mat. — Gleichviel ob in Justingen auf dem Schlosse oder in einem der Adelshäuser in Blaubeuren geboren, so kann als bestimmt angenommen werden, daß Stöffler seine Erziehung in Blaubeuren und dessen Kloster erhalten hat.

Anselm und Sigibot, Pfalzgrafen von Tübingen, hatten 1085 das Benediktinerkloster Blaubeuren gestiftet. Kurz nachher kam Stadt und Kloster an die Grafen von Helfenstein, welche es mit dem Amte 1447 an Graf Ludwig von Würtemberg verkauften, bei dessen Hause es bis auf den heutigen Tag geblieben ist. Wie die Benedictiner Klöster im Allgemeinen, so war auch Blaubeuren eine ausgezeichnete Bildungsstätte und hatte hohen Ruhm erlangt. Die noch jetzt stehenden Klostergebäude wurden 1467—1496 von den Aebten Ulrich Kündig, Heinrich Schmid (Faber auch Fabri) und Gregorius Rösch erbaut. Die beiden ersten waren also diejenigen Aebte, unter welchen Stöffler seine Jugendbildung erhielt. Heinrich Schmid ist der gleiche Mann, der

---

1) Oberamtsbeschreibung von Blaubeuren 1830, p. 102.
2) Oberamtsbeschreibung von Blaubeuren 1830, p. 102.

die päpstliche Erectionsbulle für die Universität Tübingen 5. März 1477 in Urach Eberhard im Bart in öffentlicher Versammlung bekannt machte und am 14. September 1477 die Universitätsmatrikel mit seinem Eintrag eröffnete. — Neben den gelehrten und baukundigen Mönchen mußten zum Aufbau des Klosters auch Künstler berufen werden. Die Chorstühle und der Altar sind heute noch bewunderte Kunstprodukte von ganz Deutschland. Wenn auch beide Kunstschöpfungen nicht in Stöfflers Jugendzeit fielen, so konnte er doch von den Baumeistern des Klosters in den zeichnenden und mechanischen Künsten ausgezeichneten Unterricht erhalten, ein Unterricht, wie er sich in seinen Schriften und mechanischen Leistungen in hohem Grade geltend machte. Auch das benachbarte Ulm war solchen Studien sehr günstig, denn daselbst hatte die schwäbische Malerschule ihren Sitz aufgeschlagen und ausgezeichnete Baumeister waren am dortigen Münster beschäftigt.

Als weiterer Bildungsfactor für Stöffler kann auch Johannes Munz [1]), ein Sohn, Schüler und Conventual von Blaubeuern, angeführt werden. Dieser hatte sich der Astrologie sehr ergeben und wurde an die Domkirche nach Wien berufen, wo er in hohem Alter 1503 starb. Er hatte Prognostica a stellis sumpta publizirt und war durch dieselben hoch berühmt geworden.

Unter eben jenem Abte Heinrich Schmid wird auch zuerst in Altwürttemberg von einer Druckerei berichtet, welche um 1475 und wohl auch schon früher von Conrad Mancz betrieben wurde und ein Product zu Tage förderte, welches heute noch existirt. [2])

Wenn also Stöffler in Blaubeuern als junger Theologe auch Baukünstler, Zeichner, gelehrte Mönche, einen hervorragenden Astrologen und wohl auch einen Buchdrucker vorfand, so darf es nicht verwundern, wenn ein strebsamer, talentvoller junger Mann, wie in Wirklichkeit Stöffler seyn mußte, sich eine außergewöhnliche Bildung verschaffen konnte. — In den Klosterschulen war seit Carls des Großen Zeit ein bestimmter Bildungsgang vorgeschrieben, welcher als Trivium die Grammatik, Rhetorik und Dialectik; als Quadrivium die Mathematik, Geometrie, Astronomie und Musik umfaßte. Nachträglich wurde auch die Medicin unter dem Namen Physica in den Klosterschulen gelehrt. Das Studium der Theologie war selbstverständlich für den jungen Stöffler nach Absolvirung der genannten Wissenschaften ein Hauptziel, nach welchem er streben mußte.

Stöffler hatte das 20. Lebensjahr erreicht, als er in Blaubeuren seine theologischen Studien für vollendet halten konnte. In Ingolstadt hatte Herzog Ludwig der Reiche von Baiern 1472 eine Universität errichtet und dorthin wandte sich Johannes Stöffler. Die ersten Einträge in den Pergamentcodex der Matrikel von Ingolstadt beginnen am 18. März 1472, dann heißt es in derselben:

Inscriptus est vicesima prima Aprilis 1472
    Joannes Stöffler de Blabewren
    Valerius Stöffler „ „
    Joannes Reich „ „
    Petrus Kraft „ „ [3]).

---

1) Reimmann, Einleitung in historiam literariam der Deutschen, Theil III, 269.
2) Zapf, älteste Buchdruckergeschichte Schwabens. Ulm 1791, p. 26.
3) Nach gefälligen Mittheilungen des Herrn Major Würdinger in München.

Also 4 Studierende von Blaubeuren schrieben sich in die 4 Wochen alte Matrikel der neuen Universität Ingolstadt auf einmal ein! Von Valerius Stöffler, wohl ein Bruder oder Vetter von Johannes Stöffler, erfährt man später nichts weiter; ebenso wenig von Johannes Reich und Petrus Kraft. — Welchen Studien Stöffler in Ingolstadt oblag, erfahren wir von ihm selbst, denn er sagt in seinem römischen Calender: „Ingolstadt, ein herrlich Hochschul, die etwan in den freyen Künsten mein süße Mutter gewest ist." Als Lehrer der freien Künste waren im Gründungsjahre und auch später in Ingolstadt in Thätigkeit: Wolfgang Federkiel, Urban Klughammer, Heinrich Pfeilschmid, Samuel von Lichtenberg, Kilian Pflüger, Johann Enkenthal und Johann Tollhopf [1]).

Welcher von diesen Lehrern Stöffler in Ingolstadt die süße Milch der freien Künste besonders genießen ließ, kann nicht angegeben werden, so wenig als die Zeit, welche Stöffler in Ingolstadt zubrachte. Daß er außer Ingolstadt noch andere Universitäten besucht habe, ist nicht wahrscheinlich, wenigstens bemerkt Stöffler bei andern deutschen, französischen und italienischen Hochschulen, die er alle in seinem römischen Calender anführt, nichts Aehnliches, wie eben bei Ingolstadt.

Im Ganzen dürfte nicht unrichtig seyn, wenn angenommen wird, daß Stöffler seine Studien in der ersten Hälfte seiner zwanziger Jahre in Ingolstadt vollendet hatte. In dieser Zeit wurde er vollständig Meister der lateinischen Sprache, wie aus seinen in dieser Sprache geschriebenen Schriften mehr als zur Genüge zu entnehmen ist. Daß Stöffler aber auch die griechische und hebräische Sprache gut kannte, geht gleichfalls aus seinen Schriften hervor. Die Anwendung arabischer Worte in seinen astronomischen Schriften geben Zeugniß dafür, daß er auch diese Sprache gekannt hat, besonders wenn es sich bewahrheiten sollte, daß er die Schriften der arabischen Astrologen herausgegeben habe. Wie Stöffler seine Muttersprache in ausgebildeter und feiner Form sprach und schrieb, soll später angedeutet werden.

Oben ist gesagt, daß die Ritterfamilie von Stöffeln als Besitzer der Herrschaft Justingen das Patronat über die gleichnamige Pfarrei hatte. Diese wird nun nicht gesäumt haben, ihr Glied, den jungen Theologen, darauf einzusetzen. Wenn er bei seinem Antritt der Pfarrei 25 Jahre alt war, so wäre dieser Vorgang im Jahre 1477 erfolgt.

In dem jetzigen Pfarrhause in Justingen steht an einem Balken des Kellers zu lesen „1486 im Junio" [2]). Diese Jahreszahl bedeutet wohl die Zeit des Neubaues des Hauses, welcher vielleicht wegen der mechanischen Arbeiten vom neuen Pfarrherrn angestrebt wurde, denn Stöffler spricht von seiner Officin [3]), die er wohl nirgends als in seinem Pfarrhause gehabt haben kann.

Von der Pfarrei Justingen sagt Stöffler später: „ich hab eine gute Pfarr zu Justingen gehabt und nichts weiteres begehret" [4]). In Wirklichkeit war Justingen schon in den ältesten Zeiten eine gut dotirte Pfarrei, denn im Jahre 1275 [5]) hatte sie 19 Pfunde. Das Pfund zu 12 Gulden gerechnet, betragen 19 Pfunde 228 Gulden.

---

1) Nach Mittheilungen von der vorigen Hand.
2) Mittheilung des Herrn Pfarrer Mangold in Justingen.
3) Stöfflers Schreiben an Reuchlin. S. Beilage Nr. 2.
4) Beilage Nr. 16.
5) Liber decimationis Cleri Constantiensis 1275. Freiburger Diöcesan-Archiv I, 1865, p. 86.

Im Jahre 1853 ist das Jahreseinkommen zu 946 Gulden berechnet und heute ist dasselbe auf 2445 Mark gestellt ¹).

Gleichwohl gestalteten sich in Justingen für Stöffler die Familienverhältnisse sehr ungünstig. Das freiherrliche Geschlecht von Stöffeln mußte Schloß und Herrschaft Justingen verlaufen. 1491 bekamen dieselben die Herren von Stozingen; 1497 aber die Herren von Bubenhofen und zwar Hans Caspar von Bubenhofen, Marschall des Herzogthums Württemberg und Landvogt in Mömpelgard. Diesen Bubenhofen, welcher unter Herzog Ulrich von Württemberg in allen Staatsgeschäften eine sehr hervorragende Rolle spielte, nennt Stöffler im Jahre 1499 in der Widmung seines Almanachs: „virum splendidum, strenuum et meritissimum", denn dieser Mann war nun Patron der Pfarrei Justingen geworden, welche Stöffler inne hatte.

Die Verhältnisse ergaben es, daß Stöffler mehrfach seine Pfarrei verlassen mußte und zwar, wie angenommen werden muß, auf längere Zeit. 1496 finden wir Stöffler in Constanz, wo er eine Uhr im Münster aufstellte. 1499 datirt er aus Ulm in Gemeinschaft mit dem Astronomen Pflaum seinen Almanach; 1502 hatte sich Stöffler zu Pferde geschwungen und war nach Labenburg bei Heidelberg hinabgeritten um Dalberg, Bischof zu Worms einen Himmelsglobus zu überbringen. Bei diesem Ritte aber klagt er, daß er an seinem linken Bein so sehr von Gicht geplagt sey, daß er habe kaum das Roß besteigen können ²). Im Jahre 1510 war Stöffler in Tübingen und datirt von hier aus seine Schrift über das Astrolabium.

Indeß erhielt Stöffler auch in Justingen häufig Besuche von ausgezeichneten Männern und Freunden. 1499 reiste Paul Scriptoris mit seinem nachmals berühmten Schüler Pellican von Tübingen nach Justingen zu Stöffler. Von diesem Besuche sagt Moser: „Inque primis cum Joanne Stöfflero qui in patria Justingen tunc agebat paroecianum contraxit amicitiam: cumque sub idem tempus haberet sub manibus opus egregium Sphaerae signorum, quod episcopo Wormaciensi Joanni Dalbergio, offerendum elegantissime moliebatur artificio, insertis stellis aureis circulisque faberrime exaratis, quale jam antea quoque episcopi Constantiensis Suffraganeo Danieli Tigurino fabricaverat, hinc noster et Pellicanus ad eum fuere egressi, ut tanto se delectarent artificio ³)." — Am 16. Februar 1507 kam von dem Reichstage in Constanz Kaiser Maximilian I. nach Justingen und stieg im dortigen Schlosse ab ⁴). Man kennt die Veranlassung nicht, welche Maximilian I. in den abgelegenen Albort Justingen führte; aber man darf sicher annehmen, daß, außer dem Jagdvergnügen, Maximilian I. den berühmt gewordenen Stöffler, dessen Almanach schon die Welt erfüllt hatte, aufsuchen, sehen, kennen lernen und sich auch die Nativität von ihm stellen lassen wollte. — Daß Stöffler schon in Justingen die ausgezeichnetsten Männer in Deutschland zu seinen Freunden zählen durfte, ersieht man aus den intimen Briefen von Reuchlin ⁵) und aus seinem Besuche bei dem berühmten Bischof Dalberg in Labenburg, wo sich letzterer damals aufhielt. Bei Stöfflers Anwesenheit in Tübingen 1510, in welchem Jahre auch Canzler

---

1) Pfarrbeschreibung im Catalog der katholischen Kirchenstellen des Bisthums Rottenburg 1876.
2) Brief an Reuchlin, Beilage 2.
3) Joh. Jac. Moser Vitas professorum tübingensium ordinis theologici. Tub. 1718.
4) v. Stälin, württemb. Geschichte, IV. Theil, p. 10.
5) s. Beilage 2 und 3.

Bergenhans noch gelebt haben mochte, wurde mit ihm schon wegen Uebernahme der Professur der Mathematik und Astronomie verhandelt. Herzog Ulrich that dieses wohl persönlich, denn **Stöffler** sagt selbst: „Herzog Ulrich von Würtemberg hat wöllen, daß ich meine Pfarrei verlasse und hier ordinarie Mathematica lesen soll; nun weißt E. f. D., daß nicht leichtlich den Fürsten ihr Begehr abzuschlagen ist; also hab ich Herzog Ulrich auch gehorsamlich willfahrt und meine Pfarr verlassen [1])." **Stöffler** ging aber auf seine Berufung nur ein, „wenn er von seiner Pfarrbesoldung ein jährliches Reservat von 90 Gulden lebenslänglich ausbezahlt erhielte." Da Hans Caspar von Bubenhofen die Pfarrei als Besitzer von Justingen inne hatte, so verlangte **Stöffler**, daß Herzog Ulrich sich für die Auszahlung dieses Reservats verpflichte. Diese Verpflichtung hat 1511 am Montag nach Misericordias stattgefunden und Herzog Ulrich wurde für 90 Gulden Selbstschuldner und Bürge für H. C. v. Bubenhofen [2]).

Diese 90 Gulden waren ohne Zweifel **Stöfflers** ganze Besoldung [3]), und hätte er nicht freie Wohnung und Verpflegung im Contubernium [4]) erhalten, so hätte er gegenüber seiner guten Pfarrei in Justingen großen Schaden gehabt. Unter Contubernium ist die sogenannte Bursa zu verstehen, welche Eberhard im Bart 1482 zu bauen anfing. In demselben wurden vorzugsweise die Studierenden der Philosophie verpflegt. Die Lehrer derselben wohnten darin, auch waren hier Hörsäle für Arithmetik, Geometrie und Astronomie.

Als **Stöffler** 1511 seine Professur in Tübingen antrat, war er 59 Jahre alt, „ein betagter Mann, Lust zu lehrend und zu lernen begierig [5])." Bis zum Jahre 1519 waren die Verhältnisse für **Stöffler** in Tübingen sehr angenehm. Geschätzt und hochgeachtet als Lehrer, besaß er auch die Gunst seines Herzogs, der ihn als Mann von seinem Witz und geselligen Talenten gerne an seinem glänzenden Hofe sah und viel auf den gelehrten und berühmten Mann hielt. Für Herzog Ulrich, wie für **Stöffler**, brachte aber das Jahr 1519 schlimme Tage, denn Herzog Ulrich wurde in demselben von dem schwäbischen Bunde aus dem Lande vertrieben, und im April wurde Stadt und Schloß Tübingen belagert. Sein herzoglicher Gönner mußte von Tübingen aus fliehen, und im Lager der Feinde stand vor Tübingen ein erbitterter Gegner von Ulrich, Ulrich v. Hutten, der aber zugleich **Stöfflers** Freund war. Dieser letztere schreibt im Kriegslager vor Tübingen an einen seiner Freunde: „Ich kann nicht weiter schreiben, schon bläst die Trompete; später etwas ausführlicher. Ich hoffe auf die Einnahme von Tübingen; lebet wohl und gedenket meiner! Eilig unter Trompeten, Pferdegewieher, Trommeln und Lagerlärm [6])." Tübingen ergab sich bald, und Stadt und Land kam von 1519—1534 an Kaiser Carl und König Ferdinand.

---

1) f. Beilage Nr. 2.
2) f. Beilage Nr. 1.
3) Nach der Universitätsordnung von 1491 hatte ein Professor juris 80—90 Gulden. Die Professoren der Philosophie, zu denen Stöffler zählte, hatten 20—25 Gulden nebst Wohnung und Verpflegung.
4) Das frühere Contubernium oder Bursa war in dem Gebäude der jetzigen geburtshülflichen Klinik.
5) f. Beilage 2.
6) Strauß, Ulrich v. Hutten I, 361.

Man kann sich in die Seelenstimmung Stöfflers hineindenken: sein fürstlicher Schutzherr ohne Aussicht auf Wiederkehr und nicht mehr in der Lage, ihm die gegebene Bürgschaft für sein Reservat zu halten! Ueberdieß kam das Land in fremde Hände, ungewiß wie es ihm bei dem Wechsel der Herrscher ergehen würde. In Wirklichkeit erlebte Stöffler Ulrichs Rückkehr nicht mehr, denn diese erfolgte 1534, während Stöffler schon 1531 starb.

Trotz dieser Verhältnisse wurde Stöffler 1522 Rector der Universität, und eine Bekanntmachung sagt, „daß der gepriesene und erfahrene Meister Johannes Stöffler Justingensis täglich lese."

Mit Ulrichs Vertreibung hatte auch Hans Caspar von Bubenhofen seine Stellung und sein Einkommen verloren. Seine Tochter hatte den Anführer der Feinde Ulrichs, den Ritter Carl Winzerer geheirathet; ein Sohn von Bubenhofen war Pfarrer in Justingen geworden; er selbst hatte seine Herrschaften Gamertingen ꝛc. verlaufen und sich in Administration eines Ausschusses der Ritter begeben müssen. Diese Verhältnisse waren für den 73jährigen Stöffler kaum zu ertragen, denn er konnte sein Reservat von 90 Gulden nirgends mehr bekommen. In dieser großen Noth schrieb Stöffler an den König Ferdinand, den damaligen Besitzer Würtembergs, „um Gottes und der Gerechtigkeit willen ihm seine Forderung als um Leibesnahrung nach Recht und Gerechtigkeit zu verschaffen." Die Verhandlungen über diese schlimmste Materie in Stöfflers Leben dauerten von 1524—1526 [1]). König Ferdinand war 1525 selbst in Tübingen und hatte auf dem Schlosse die mechanischen Werke Stöfflers bewundert, gleichwohl war aber 1526 noch kein Bescheid über Stöfflers einbringlichstes Bitten erfolgt; er hatte also wie viele andere deutsche Gelehrte den bittern Kelch der Armuth zu trinken. Ein Ahnherr von Stöffler, Simon von Stöffeln, hatte 1456 dem Hospital in Tübingen ein Vermächtniß vermacht, in welchem er sagt, die Schenkung bezwecke, daß damit die Armen gespeist und die sechs Werke der Barmherzigkeit erfüllt werden. Welche Ironie des Schicksals, daß ein Stammgenosse von Simon von Stöffeln, so bald nach dem Vermächtniß für die Armen, sein Brod erbetteln mußte!

Unter diesen Sorgen und Kämpfen um die Existenz kam das Jahr 1530, in welchem eine heftige Pest in Würtemberg und Tübingen ausbrach. Wie schon früher im gleichen Fall, so wurde auch dießmal die Universität in verschiedene Landstädte verlegt. Die philosophische Facultät, welche nach ihren wissenschaftlichen Anschauungen damals in zwei Richtungen, die Nominalisten und Realisten zerfiel, wurde die erstere nach Neuenbürg, die letztere nach Blaubeuren verlegt. Stöffler gehörte zu den Realisten, welche sich den Namen der Adler beigelegt hatten, während die Andern sich Pfauen nannten. In seinem 78. Lebensjahr siedelte nun Stöffler von Tübingen nach Blaubeuren über, in eine Stadt, in welcher er wahrscheinlich geboren, jedenfalls seine Jugend zugebracht und sich seine Bildung verschafft hatte. — In dieser Stadt starb auch Stöffler an der Pest, denn auf seinem Bilde in der Aula in Tübingen steht: „Obiit Blaburae 1531, 16. fbr., hora 1 mat. Vixit annos 78, dies 69, horas 19.

---

[1]) Die Akten des Staatsarchives, welche in den Beilagen 6—15 abgedruckt sind, sowie die Beilage 16 geben Näheres über die Vorgänge an, und es wird deßhalb auf dieselben verwiesen.

Stöfflers Leiche wurde nach Tübingen verbracht und in der St. Georgenkirche beigesetzt. Als Inschrift [1]) wurde auf sein Grabmal gesetzt:

Conditur hic fato functus Stöfflerus acerbo
Terrestris gnarus sidereaeque plagae.

Calvisius Seth sagt in seiner Chronologie über Stöfflers Tod nachfolgendes: Joannes Stöfflerus Justingensis, Suevus, Mathematicus insignis, certo die periculum sibi e ruina imminere praeviderat; aedes suas satis firmas noverat; convocat in Musaeum suum viros eruditos, quorum consuetudine, et sermonibus, recrearetur. Orta inter sobria pocula disputatio. Ad controversiam explicandam e superiore loco librum depromit: sed laxato clavo, asser, in quo stabant libri, in caput ejus decidit et insigne vulnus infolici seni infligit, qui mortuus est die XVI Februarii anno 1531, aetatis 78 mense fere 2, Tubingae. — Die Angaben von C. Seth stimmen aber nicht mit den andern Nachrichten überein, namentlich nicht mit der wohl ganz richtigen auf Stöfflers Bild in der Aula in Tübingen, welches Blaubeuren als den Ort des Sterbens von ihm angibt.

Von Stöffler existiren mehrere Bilder. Das mehrfach angeführte Bild in der Aula in Tübingen stellt Stöffler in jüngeren Jahren vor und ist in Holz geschnitten zu Anfang dieser Schrift [2]). Oben am Bilde stehen die Worte: Joh. Stöffler, Math. celeberrimus. Dem folgen die bereits angegebenen Geburts- und Todestage. Unten am Bilde stehen die Worte: Hujus tanti viri memoriae gratia; sodann kommen vier M; ein G steht zwischen der Jahreszahl 1614. Diese Buchstaben bedeuten: Magister Michael Mästlin, Mathematicus Göppingensis [3]). Daraus

ist zu schließen, daß der berühmte Mathematiker und Astronom Mästlin, bekanntlich Keplers Lehrer und Freund, dieses Bild 1614 gestiftet hat.

Weitere Bilder von Stöffler, aber in höherem Alter, enthalten die späteren Ausgaben seiner Ephemeriden, so wie die Cosmographie von Sebastian Münster. Dieses letztere Bild ist nebenan gegeben und somit sind zwei sich ergänzende Bilder von Stöffler vorhanden und bekannt. Das Bild, welches Stöffler im Alter darstellt, hat der Bildhauer Professor König, jetzt in Darmstadt, in einem Relief modellirt. Das letztere Bild besitzt in einem Abguß der Verfasser, zwei weitere Exemplare hat die Stadt Constanz, als die Besitzerin von Stöfflers Himmelsglobus, erworben.

---

1) P. Freher, theatrum virorum eruditione clarorum, S. 1442. — Im Jahre 1530 wurde auch Agnes Stöfflerin, ux. J. U. Dr. King Oetingens., in der St. Georgenkirche beigesetzt. Zeller, Tübingen, 96. War diese Stöfflerin vielleicht die Tochter Heinrich Onargs v. Stöffeln, oder eine Schwester von Johannes Stöffler selbst?

2) Der Herr Rector der Universität, Professor Dr. v. Himpel, hatte die Gefälligkeit, das Bild für Anfertigung des Holzschnittes abzugeben.

3) Herr Bibliothekar Klüpfel in Tübingen gab die Erklärung der 4 M und des G.

II.
Stöfflers Schriften.

Als Stöffler 1452 das Licht der Welt erblickte, hatte Guttenberg in Mainz seine Bibel, die als wirklicher Anfang der Buchdruckerkunst gilt, noch nicht vollendet, denn diese erschien 1455 oder 1456. Stöfflers Geburt fällt also mit der Erfindung der Buchdruckerkunst beinahe zusammen. Ein Zufall brachte Stöffler in frühester Jugend in eine Stadt, wo die Buchdruckerkunst fast am frühesten in Schwaben geübt wurde. 1475 druckte Conrad Mancz eine Schrift in Blaubeuren, die den Titel führt: „Ob einem Mann sey zu nemen ein ehlich Weib." Zu dieser Zeit war Stöffler wahrscheinlich von Ingolstadt zurückgekehrt und konnte dieses erste Buchdruckerprodukt in Blaubeuren kennen lernen. Vielleicht hat Mancz schon vor 1475, also zur Studienzeit Stöfflers, in Blaubeuren gedruckt und dann hätte er Gelegenheit gehabt, sich sehr frühe Kenntnisse vom Buchdrucke zu verschaffen. In seinem Almanach schreibt Stöffler die Worte: Et hac nostra tempestate eximia industria miraque imprimondi arte a Germanis inventa pro ejusmodi commoditatibus consequendis innumera prope modum commentaria operis et magnitudine utilitate praeclarissima per totum paeno orbem sunt disseminata.

Die Schriftsteller über die Universität Tübingen: Zeller, Böck, Eisenbach und Klüpfel, geben nur flüchtige Andeutungen von Stöfflers schriftstellerischer Thätigkeit. Am ausführlichsten zählt Bossius [1]) Stöfflers Schriften auf. Die Bibliotheken in Tübingen und Stuttgart besitzen seine Schriften nur unvollkommen. Dagegen haben die Bibliotheken in Wien und München dieselben ziemlich reich. Von beiden liegen Verzeichnisse vor, welche für diese Schrift erbeten wurden. Das Wiener Verzeichniß verfertigte in sehr gefälliger Weise Herr Universitätsbibliothekar Wussin; die Münchner Schriften hat Herr Major Würdinger ausführlich verzeichnet.

Von den Schriften Stöfflers, welche zumeist hohes typographisches Interesse haben und ihres Alters wegen auch selten sind, können folgende angeführt werden:

I. Almanach nova plurimis annis venturis inservientia: per Joannem Stöfflerinum Justingensem et Jacobum Pflaumon Ulmensem accuratissime supputata: et toti fere Europe dextro sydere impartita. — Am Schlusse: Opera arteque impressionis mirifica viri selectissimi Joannis Reger anno salutis Christi Domini 1499 Idibus februariis he ephemerides novae expletae atque absolutae sunt Ulme.

Diese älteste Ulmer Ausgabe ist in Wien und München und nach Wussin in klein 4° ohne Seiten- und Blattzahlen, sowie auch ohne Custoden.

Weitere Ausgaben, welche Tübingen und Stuttgart besitzen, sind:
    a) 1504 — 2. Januarii Venetiis opera, arte et expensis Petri Liechtenstein, Coloniensis Germani.
    b) 1506 — ebendort.
    c) 1513 — ebendort.

Der Ulmer Buchdrucker J. Reger ist nach Zapf aus Kemnat in der oberen Pfalz gebürtig und war Provisor bei Justus von Albano in Venedig, der zu Ulm eine Buchhandlung hatte. Vermuthlich war Reger vorher selbst in Venedig, ehe er nach Ulm kam. 1486 erschien bei ihm in Ulm die Geographie von Ptolemäus, wovon die Stadt Ulm ein schönes Exemplar auf Pergament gedruckt besitzt. Daß die weiteren Ausgaben des Almanach durch den Kölner Drucker Liechtenstein in Venedig erschienen, läßt sich aus der Beziehung des Reger zu Venedig erklären.

Das Wiener Exemplar, wie Wussin es beschreibt, ist nicht ganz vollständig. Als von dieser Unvollständigkeit der in Wien 1871 anwesende Don Pedro II. Kaiser von Brasilien Kenntniß erhielt, kaufte er ein ihm angebotenes vollständiges Exemplar und beauftragte seinen Gesandten, das sehr schöne Exemplar der Universitätsbibliothek zu schenken [1]).

Als Mitherausgeber des Almanach ist Jakob Pflaum von Ulm angegeben. Dieser Pflaum, Mathematiker und Astronom, war bürgerlich von Ulm und gehört einer Familie an, die daselbst 1469—1545 in Urkunden öfters genannt ist. Joh. Pflaum ist der Verfasser eines vieljährigen Calenders von 1477—1552, welcher 1476 von dem Buchdrucker Joh. Zainer in Ulm gedruckt wurde.

Gewidmet hat Stöffler den Almanach dem „Bischoff i. p. inf. v. Bellinas, Weihbischoff in Constanz," auf welchen später zurückgekommen werden wird. Weiter dem gelehrten Probste Peter von Denkendorf (gewählt 1477 und † 1508), dem Freunde Reuchlins; sodann dem aus der Biographie Stöfflers bekannten Hans Caspar von Bubenhofen.

Schon dem Almanach von 1499, 1504, 1506, 1513 hat Stöffler Ephemeriden angehängt, welche von 1499 bis 1531 reichen. Fünf weitere Ausgaben erschienen von den Ephemeriden allein, und zwar 1524, 1531, 1533, 1548 und 1549; diese sind bis 1556 fortgeführt. Die Ausgabe 1548 besorgte der Mathematiker Pitatus in Verona, die übrigen der Tübinger Professor der Mathematik und Astronomie Ph. Imser. In den Ephemeriden ist Stöffler als alleiniger Verfasser und Herausgeber bezeichnet. In den Ausgaben von 1524—1549 ist Stöfflers Bild der Schrift beigefügt, und zwar in einem Holzschnitte.

II. Joannes Stöffleri tabulae astronomicae Tüb.: per Thomam Anshelmum 1500 et 1514.

Diese Tafeln besitzen Wien und München, sie bestehen in 22 einfachen und in einem Doppelblatt.

III. Elucidatio fabricae ususque Astrolabii a Joanne Stofflerino Justingensi. Impressum Oppenheim anno 1513.

Am Schlusse der Schrift steht: Exactum insigne hoc atque praeclarum opus Astrolabii a Joanne Stofflerino Justingensi, viro in Astronomia peritissimo Alemanno, editum. Impressum Oppenheim per Jacobum Köbel anno 1512. — Die Schrift erschien 1524 nochmals in Oppenheim; 1553 und 1564 in Paris, 1591 in Cöln. Nach Delambre giebt es auch eine Ausgabe von 1594. — Das Titelblatt ist mit einem Holzschnitt umrahmt. Im Texte hat es schöne und große Initialen. Im 2. Theil ist das Astrolabium und seine Anwendung mit schönen Landschaften und

---

1) Staatsanzeiger für Württemberg 1871, Nr. 248.

menschlichen Figuren in Holzschnitt dargestellt. Auf Folio 73 ist an einem Thurm ein Wappenschild mit dem Monogram AH. Die Schrift besitzen Tübingen, Wien und München. Letzteres hat auch alle Ausgaben, mit Ausnahme derjenigen von 1594. Diese hat nach Delambre den Beisatz: „cui perbrevis ejusdem astrolabii declaratio a Jacobo Köbellio adjecta est."

IV. Calendarium magnum Romanum a Joanne Stöffloro Justingensi. Oppenheim 1518. (Lateinisch, mit 40 Capiteln.)

Der Newe groß römisch Calender von dem hochgelarten, der Astronomey und Mathematik Meyster Johann Stöffler von Justingen, der loblichen Universität Tübingen Ordinarius, auß Latin in Teutsche Sprache verwandelt. Oppenheim 1522.

Am Schlusse der lateinischen Ausgabe steht: „Exactum insigne hoc atque praeclarum opus Calendarii a Joanne Stöfflerino Justingensi, viro in Astronomia peritissimo Alemanno editum. Impressum in Oppenheim per Jakob Köbel die 24 Martis mensis 1518." Diese Ausgabe hat 266 Seiten, — die deutsche Ausgabe hat am Schlusse die Worte: „Hier ist das fürtrefflich Werk dieß Calenders von dem hochgerühmten Astronomo Johannes Stofflern von Justingen volendet, und von Jakob Köbel, Stadtschreibern zu Oppenheim, gedruckt am 24 Tag des Märzen. Im Jar Christi unsers Seligmachers 1518."

Die lateinische Ausgabe ist Kaiser Maximilian I. gewidmet und bei Pön 10 Mark Goldes gegen Nachdruck privilegirt. Die Tafeln im 2. Theil sind mit rothen und schwarzen Lettern schön gedruckt und jedem Monat ist ein Holzschnitt beigegeben. Lateinisch besitzt diese Schrift Tübingen, Stuttgart, Wien und München, deutsch die Bibliothek des Vereins für Geschichte des Bodensees und der Verfasser dieser Schrift. In dem Exemplare des Letztern hat auf dem Titel „Philipina von Oestreich anno Christi 1553" ihren Besitz eigenhändig eingeschrieben. Daß diese Besitzerin Phillppine Welser ist, sey gelegentlich bemerkt.

V. Expurgatio adversus divinationem a Joanne Stöfflero. Tubingae 1523.

Diese Schrift besitzt Tübingen.

VI. Joannis Stöffleri Justingensis, Mathematici eruditissimi, facileque omnium principi in Procli Diadochi autoris gravissimi sphaeram mundi — — Commentarius. Tubingae, Ulricus Morhard 1534.

Nach Stöfflers Tod von Ludwig Schradinus in Stuttgart herausgegeben. Diese Herzog Ulrich von Württemberg gewidmete Schrift besitzen Tübingen, Wien und München.

Außer den hier aufgezählten Schriften verzeichnet Vossius noch die nachfolgenden weiteren. In seinem Verzeichniß ist aber die Jahreszahl und der Druckort nicht angegeben, doch ist gesagt, daß sie deutsch geschrieben sind. Bei Ausarbeitung dieser Abhandlung konnten sie nicht benützt werden, weil sie nirgends zu finden waren.

VII. De dimensione per astrolabium et quadrantem.

VIII. Supputatio conjunctionum atque oppositionum.

IX. Cyclorum antiquorum redargutionem cum Eklipsium redargutione.

X. Cosmographicae aliquot Descriptiones.

Diese Schrift gab J. Dryander 1534 in Marburg heraus.

XI. De artificiosa globi terrestris compositione.

XII. De duplici projectione in planum sive quomodo quam commodissime chartae cosmographicae, quas mappas mundi appellant, possint designari ¹).
XIII. Variorum astrolobiorum compositio. Mainz 1536.
XIV. Coelestium verum disciplinae compositio. Mainz 1535 (?).
XV. Von künstlicher Abmessung aller Größen. Frankfurt 1536 und Basel 1537¹).
XVI. Ausgaben der Schriften der vorzüglichsten griechischen, römischen und arabischen Astrologen ²).

Von den Manuscripten Stöfflers wird nur das nachfolgende in Tübingen aufbewahrt; dasselbe ist auf Papier schön geschrieben und hat 263 Seiten in Folio:

XVII. Joannis Stoffleri Justingensis Suovi mathematici olim clarissimi et professoris tubingensis commentaria in Geographiae Ptolemaci libros II priores usque ad cap. de magna Germania, una cum appendicula de aquis accurata sane et docta varietate reperta ipsius authoris manu diligenter scripta et revisa. Quae in hac academia publico discipulis suis praelegit a 15 Mart. 1512 ad Jul. 1514.

Die Bibliothek in München bewahrt folgendes Manuscript:

XVIII. Ain Erklärung des newen Almanach Joannis Stöffleri 1503.

Die Schriften I—VI von Stöffler sind nach und nach in 20 Ausgaben oder Auflagen von 1499—1594 erschienen; die Schriften VII—XV haben wohl nur eine Auflage erlebt, mit einziger Ausnahme der von XV. Rechnet man die Stärke einer Auflage auf 500 Exemplare, so würde dieses die Summe von 14,000 ergeben, eine Anzahl, die im 16. Jahrhundert Staunen erregen muß, weil der Druck der Schriften im Ganzen nicht leicht, und der Buchhandel eine geringe Organisation hatte. Das Staunen wächst aber noch mehr, wenn man bedenkt, daß die Schriften Stöfflers einer Wissenschaft gewidmet waren, welche verhältnißmäßig nur Wenige betrieben, und die von der großen Masse des Volkes nicht verstanden wurde. Auch ist kein Schriftsteller aus Stöfflers Zeit bekannt, dessen Schriften eine ähnliche großartige Verbreitung gefunden hätten.

III.

Stöffler als Professor in Tübingen.

Der Quardian der Minoriten in Tübingen Paul Scriptoris, den wir als Gast Stöfflers in Justingen getroffen, hatte ohne öffentlichen und amtlichen Auftrag, also mehr privatim, die mathematischen Wissenschaften in Tübingen im Kreise seiner Freunde vorgetragen. 1497 erklärte er den Euklid und bei seinen Vorträgen über die ptolemaische Geographie waren fast alle Lehrer der Universität seine Zuhörer. P. Scrip-

---

1) Die Schriften VII—XII sind bei Bossius, liber III p. 186 und 252, verzeichnet.
2) Die Schriften XIII—XVI sind von Verschiedenen angegeben, konnten indessen auch nicht aufgefunden werden.
3) Conversationslexicon von Brockhaus führt diese Ausgabe an unter dem Artikel Astrologie.

toris war, wie wir oben gesehen, ein Verehrer Stöfflers; sein amtlicher Lehrauftrag galt aber der Theologie und Philosophie, als welcher er zu den berühmtesten Gegnern von Duns Scotus zählte. 1502 hatte er nach widrigen Schicksalen Tübingen verlassen, und war 1504 im Kloster Keisersberg in der Schweiz gestorben. 1511 hat Stöffler Justingen verlassen und war in Tübingen als Professor in die Facultät der Artisten (philosophische Facultät) eingetreten. Diese Facultät stand den sogenannten obern Facultäten nach und wurde von der theologischen und medicinischen beaufsichtigt. Auf formale Disciplin und Disputationsübungen wurde ein sehr großes Gewicht gelegt. Im Ganzen hatte diese Facultät mehr den Character eines jetzigen oberen Gymnasiums, denn es konnten auch Knaben von 13 Jahren inscribirt werden. Der Sitz dieser Facultät war vorzugsweise die Bursa oder Contubernium. — Der große Nutzen, den die mathematischen Wissenschaften als Vorbildung für alle Wissenschaften unwiderleglich haben, indem ihre Lehren jeden Zweifel und jede Ungewißheit ausschließen, wurde schon in alter Zeit erkannt, und darum mußte ein hervorragender Mann für den mathematischen Unterricht in Tübingen gesucht und berufen werden. Stöffler ist also der erste öffentlich berufene Lehrer der Mathematik und Astronomie in Tübingen.

Unten in der Bursa war ein großes Auditorium, in welchem Stöffler wohl seine Vorlesungen gehalten hat. An der Wand des Saales war eingeschrieben ¹):

Incumbit Sophiae Studiis hic maxima turba,
  Aptior excelsas indo moare vias,
    Ad recti callem haec nam certa viatica praestant:
  Quamvis indoctus id patiatur iter.

Die Vorträge von Stöffler mußten von den Philosophen besucht werden, und daß dieses von diesen und Andern sehr gerne geschah, hiefür liegen bestimmte Zeugnisse vor. — Außer dem wissenschaftlichen Inhalte der Vorträge Stöfflers muß auch die Art des Vortrages selbst in hohem Maße angezogen haben. Stöffler hatte einen schwungvollen und tiefeindringenden Vortrag, und auch in seinen Schriften, wo er sich direct an den Leser wendet, war er im Lateinischen wie im Deutschen sehr gewandt und fein, und verband damit eine tiefe Religiosität. Als Beispiel hiefür möge das erste Capitel seines römischen deutschen Calenders dienen, den er mit der Anrufung göttlicher Hilfe einleitet und also spricht ²):

„O Schöpfer sichtbarer und unsichtbarer Welt, der Du durch Deine grundlose Gütigkeit, Weisheit, Gerechtigkeit und Barmherzigkeit mäßigest die ganze Menge der Welt und handreichest alle Werke der Natur, thust nützlich verhängen, daß die unteren Dinge in Ordnung nachfolgen dem Obersten und die menschlichen Werke werden ordentlich gelegt durch Veränderung der hohen Dinge Sonn und Monds, Dich ruf ich an, Dich bett ich an, Dir sag ich Ehre und Gloria, Dir sprech ich Lobgesang, Dich bitt ich bemüthiglich, Du wollest mich Johannem Stöffler, ein Ritter der Kirchen Jesu Christi Deines Sohnes, mit einem Theil Deiner Gutheit gnädiglich bewegen, daß ich die Rechnung der himmlischen Läufe, sie ordentlich zusetze, dazu ich allen meinen Fleiß ankehre, möge seeliglich enden und vollbringen zu Nutz Deiner Kirche. So ich doch

---

1) Zeller, Tübingen, 235.
2) Die Orthographie Stöfflers erscheint hier als verbessert, Wort und Satzbildung sind aber vollständig geblieben.

dahin alle meine Uebung und Fleiß meines Lebens allweg endlich gewandt habe, daß ich den Menschen deine Satzungen behalten möcht, recht und ordentlich Nutz seyn, und das unterstehe ich mich jetzund zum allerhöchsten Zuthun in diesem Werk, und verleih mir und denen, so ich Nutz seyn werde, daß wir mit einander mögen erfolgen die Gaben himmlischer Gloria. Amen."

„Durch seine Vorlesungen," sagt Klüpfel, „hatte Stöffler die Liebe und das Lob seiner Schüler gewonnen und manche, wie Sebastian Münster, Schöner, Melanchthon, zu eifrigen mathematischen Studien angeregt. Melanchthon besonders ist voll seines Lobes. Seine Vorträge lockten viele Ausländer herbei und er war wohl damals der berühmteste Lehrer der Universität [1])."

Die philosophischen Studien waren nach den Principien der Scholastik in zwei, man könnte sagen feindliche Lager getheilt. Die einen, die Adler genannt, gingen den alten Weg und hießen Realisten; die andern, Pfauen genannt, betraten den neuen Weg und hießen Nominalisten. Stöffler gehörte zu den Adlern, und als solcher ging er mit den Studierenden dieser Richtung zur Pestzeit nach Blaubeuren.

„Ueber das haben wir zu Aufnehmung und Förderung der Lehren, damit den freyen Künsten nichts entging und die jungen Schüler desto stattlicher den Künsten obliegen möchten, den gepreisten und erfahrenen Meister Johannem Stöffler Justingensem in Mathematica täglich zu gebührlicher Zeit zu lesen angeordnet", sagt die Bekanntmachung vom Jahr 1522.

Nach der Universitätsordnung vom 5. November 1536 mußte Sphära (Astronomie), Elementa arithmetica und Geometria in der philosophischen Facultät vorgetragen werden. Nach der Ordination vom 30. Jan. 1535 war die Stunde 11 Uhr für den Vortrag der Mathematik festgestellt, und um diese Zeit hat wohl Stöffler seine Vorträge gehalten. Ueber die Geographie des Ptolemäus las Stöffler zwei Jahre hindurch.

In Sebastian Münsters Cosmographie ist auf Seite 1016 (deutsche Ausgabe) Stöffler im Hörsaale mit seinen Schülern abgebildet. Da sich aber das Bild auch bei andern Universitäten bei Münster wiederholt, so kann man nicht mit Sicherheit auf eine richtige Abbildung von Stöffler im Hörsaale bauen, man müßte denn annehmen, Münster habe als Stöfflers Schüler den Hörsaal in Tübingen gezeichnet. Diese Annahme ist aber nicht statthaft, weil auf dem Holzschnitt der Lehrer mit einem langen Bart erscheint, den Stöffler nie getragen hat.

Zu den berühmtesten Schülern Stöfflers zählt Schöner, Melanchthon und S. Münster. Schöner, 1477 in Carlsstadt in Franken geboren und 1547 in Nürnberg gestorben, wurde Professor der Astronomie in letzterer Stadt. Er erreichte durch seine astrologischen und astronomischen Schriften, so wie durch seine Ephemeriden großen Ruhm. Melanchthon verließ 1512 Heidelberg, um Stöffler in Tübingen zu hören. Sein ganzes Leben hindurch ergab er sich neben Philologie und Theologie mit großem Eifer den mathematischen Studien. Luther sagt in seinen Tischreden von Melanchthon, der besonders Stöfflers Lehren der Astrologie hoch hielt: „Magister Philippus hält hart über die Astrologiam. Er habe sich oftmals heftig bemüht und beflissen, daß er ihn möchte dahin bewegen, daß er seine Meinungen billigte und es mit ihm hielte

---

[1]) Klüpfel, Tübingen, 17.

aber er habe ihn niemals dazu bereden und bringen können¹)." — In seiner Interpretation von Ptolemäus sagt Melanchthon: „Stöfflerum habuisse radicem, qua admota potuerit aperire seras²)." Martin Luther sprach auch von der Narrheit der Astrologen, deren Sternguder von einer Sündfluth oder großem Gewässer, die 1524 kommen sollte, redeten, das doch nicht geschah, sondern das folgende 25. Jahr standen die Bauern auf und wurden aufrührerisch, davon sagte kein Astrologus nicht ein Wort³). Diese Eingenommenheit gegen die Astrologie und ihre Verhöhnung von Luther, mußte Stöffler verletzen, denn dieser hatte, wie wir später sehen werden, die Sündfluth für 1524 prophezeit. Stöffler gedenkt auch in seinen Schriften nie M. Luthers, obgleich Melanchthon dessen intimster Freund, und zugleich Stöfflers Schüler war. Stöffler beweist sich in seinen Schriften überall als guter Katholik; er erlebte die Reformation der Universität Tübingen nicht mehr. Aber auch wenn er sie erlebt hätte, wäre er wohl schwerlich zu ihr übergetreten. — Auf den dritten berühmten Schüler Stöfflers, Sebastian Münster, kommen wir später zu sprechen.

Stöffler eröffnet in Tübingen die Reihe der ordentlichen Lehrer der Mathematik und Astronomie, er ist also der Erste, der in Württemberg diese erhabenen Lehren öffentlich zu dociren hatte. Nicht so berühmt und glänzend, als Stöffler, sind seine directen Nachfolger auf seinem Lehrstuhle. Der nächste Nachfolger J. Imser gab Stöfflers Ephemeriden heraus. Ihm folgten die beiden Appiane, welche als Chartographen großen Ruhm erlangten. Alle übertraf aber Michael Mästlin⁴), der berühmte Lehrer des großen Kepler. Von ihm sagt Vossius: „Junior in Italia egit, ubi cum pro Copernicana sententia publice in Lyceo orationem habuisset, Galilæus Galilæius perpensis ejus argumentis, etsi antea Aristoteli et Ptolemæo penitus addictus, postea pedibus, sive animo potius in ejus ivit sententiam⁵)." Mästlin war auch ein specieller Verehrer Stöfflers: er stiftete für die Universität Tübingen das noch vorhandene und dieser Schrift vorgesetzte Bild. Dasselbe gibt Stöffler ein Zeugniß, das kürzer und schöner wohl nicht seyn könnte, denn die Inschrift lautet: „Hujus tanti viri memoriae gratia."

IV.

Stöffler als Volksarzt.

Im Mittelalter hatte der Clerus sich der Heilkunde so bemächtigt, daß die Geschichte der Medicin von dieser Zeit ein großes Capitel, „die Mönchsheilkunde" kennt. Die Päbste waren aber stets damit unzufrieden, daß die Mönche und Geistlichen die

---

1) Reinmann, Einleitung in die Historiam literariam. Halle 1734, p. 275.
2) Ebendort p. 277.
3) Ebendort p. 284.
4) M. Mästlin, geb. 30. Septb. 1550 in Göppingen, um 1566 Diacon in Balnang, 1580 Professor in Heidelberg und 1584 Professor in Tübingen. Er starb 1631. Der Umfang seines Wissens und sein Einfluß auf Kepler ist zu ersehen aus Keplers Werken, Ausgabe Frisch.
5) Vossius, p. 192.

Medicin ausübten, weil sie besorgten, daß eine derartige Beschäftigung die Geistlichkeit ihren kirchlichen Obliegenheiten entfremde und ihnen in der Achtung des Volkes schade. Die unaufhörliche Erneuerung des Verbotes auf fast allen Concilien beweist, wie wenig dasselbe befolgt wurde und auch heute noch befolgt wird. Seine Uebertretung war mit der Excumunication belegt, und letztere Strafe wurde „lucri temporalis causa" angesetzt. — Zuerst hatte die Mönchsheilkunde den hippokratischen Character, später wurde derselbe durch die Araber verdrängt und es trat jene Stagnation in der Heilkunde ein, welche Jahrhunderte lang die Entwicklung derselben in Fesseln schlug.

Der Grundriß des Klosters St. Gallen, der aus dem 9. Jahrhunderte stammt und als Muster eines klösterlichen Bauwesens aus der carolingischen Zeit anzusehen ist, hat ein Krankenhaus, eine Krankenkirche, ein Bad und einen Garten für heilkräftige Kräuter eingezeichnet. Das Kloster Hirschau, von dem berühmten Abte Wilhelm von 1083—91 neu eingerichtet, hatte gleichfalls ein eigenes Krankenhaus, und einen Ort, wo die Arzneien bereitet wurden. In der Mitte des Krankenhauses war ein bedeckter Ort, mit einer Oeffnung in der Mitte, wo man den Kranken zur Ader ließ¹). St. Gallen und Hirschau hatten für Süddeutschland mustergiltige Einrichtungen.

Wie wir oben gesehen, hat Stöffler im Kloster Blaubeuren seine theologische Erziehung erhalten, und dort mußte er mit der Mönchsheilkunde, die damals noch nicht abgestorben war, vertraut werden. Er kannte wohl die Schrift aus dem 9. Jahrhundert „de minutione sanguinis", und den Hortulus des Abtes Walafrid Strabo von Reichenau mit seinen 444 Hexametern über 23 Arzneipflanzen, der vor 850 erschien. In der Bibliothek in Blaubeuren waren nach einer Aufzeichnung von Tübingius: Nucer de Herbis, und Regulae Abaci Epistolarium medicinae libellus. Wie Stöffler sich der Physica allseitig mit großem Eifer hingab, so that er dieses sicherlich auch in der Heilkunde, denn nur daraus ist es zu erklären, wie er in ein sonst mathematisch-astronomisches Werk, in seinen römischen Calender, nicht weniger als 5 Capitel, das XI.—XV., von der Heilkunde aufnehmen konnte.

Im Capitel XIII sagt Stöffler: „Es soll auch Niemand achten, daß ich meine Sichel wolle ausstrecken in einen fremden Schnitt, welcher meinen Herren, den Aerzten und nicht mir befohlen ist, denen ich dieß gebe zu bessern und zu strafen." Gleichwohl aber handelt Stöffler die in der damaligen Medicin wichtigsten Gegenstände mit ungewöhnlicher Breite ab. Wenn Stöffler auch zugibt, daß er ein ihm nicht gehörendes wissenschaftliches Gebiet betreten, so sagte er sich, daß nur er als Astronom und Astrolog den Einfluß der himmlischen Gestirne auf die Gesundheit und Krankheit der Menschen richtig darstellen könne. Stöffler sagt, daß in Arzneien die fleißige Aufmerkung des Gestirnes vielen Nutzen hat, denn die Kunst der Arznei empfängt aus der Kunst der Astronomie große Kraft und Hilfe, was nicht zu verwundern ist, denn diese zwei sind mit einem einzigen Band umschlossen. (XIII).

Wenn der Mond durch die XII Zeichen (des Thierkreises) geht, so ist die Wirkung und die Gewalt desselben auf den irdischen Körper sehr mächtig. Beim Löwen sagt Stöffler²): „Der Löw, ein königlich Zeichen, ist heiß und trocken, feuriger Natur, orientisch, regiert Choleram, das ist die feurige Complexion. Sein Geschmack ist bitter.

---

1) Kerler, Wilhelm der Selige. Tüb. 1863, p. 259.
2) Großer römischer Calender: Capitel XI.

Ihm ist befohlen Magen, Rücken, Seiten, Herz und die untern Theile der Brust, untauglich zum Aderlassen, er will stärken die an sich ziehende Kraft, so der Mond darin ist."

Im XIV. Capitel handelt Stöffler von der Purgation und leitet es also ein: „Jetzt wollen wir uns (mit glücklichem Schein des Gestirns) nähern der bequemen Zeit der Purgation, Reinigung und ausleerenden Arznei, und wollen anfangen an der Sonne, so die himmlischen Kräfte häufet oder bringt. Erstlich wollen wir für uns nehmen die Zeit, so die Sonne und der Hundsstern zusammenkommen oder eine Conjunction haben. Wann die allererfahrensten Aerzte verbieten, zu derselbigen Zeit Purgationen oder Reinigung einzunehmen, davon redet der Arzt Hippokrates also: Unter dem Hund und vor dem Hund sind die Purgationen schwächlich, widerwärtig und peinlich. Ursach dieser Worte zeigt an Galenus, sprechend, daß dieß darum geschieht, weil die Natur dieser Zeit ist überschwänglich heiß, mag nicht erleiden solche Arznei, oben und unten austreibend, folgend hienach Fieber, oder daß die Kraft des Menschen abfällig, von wegen der großen Hitz durch die Purgation noch mehr beschwert werde. Von dieser verbotenen Zeit der Purgationeinnehmung schreibt völliger der Fürst aller Aerzte Avicenna also: Du sollst wissen, daß zu der Zeit, so der große Hund im Orient aufgehet, und zu der Stunde, so der Schnee liegt auf den Gebirgen und zur Zeit merklicher Kälte, ist nicht Zeit, Arznei einzunehmen. Aber im Lenz und Herbst sollen Arzneien genommen werden."

Nach dem Vorgange der griechischen und römischen Aerzte wendeten die Araber den Aderlaß im Uebermaße an, und dieses Uebermaß überschritten die Mönche in unglaublicher Weise. Sie stellten Gesetze für den Aderlaß auf und bearbeiteten neue Grundsätze hiefür. Ganz speciell aber wurden die Bewegungen der Gestirne für die richtige Anwendung der Aderlässe in Verbindung gebracht. Der Inhalt der Schrift „de minutione sanguinis" wurde in den verschiedensten Variationen verwerthet, und merkwürdiger Weise haben sich noch Reste davon heute im Volke erhalten. Der blutdürstige Moloch, sagt van Helmont von seiner Zeit (1578—1644), herrscht heute auf allen Lehrstühlen. Eine genaue Geschichte des Aderlasses müßte nachweisen, daß durch denselben weit mehr Blut vergossen wurde, als durch die blutigsten Schlachten, welche je auf dem Erdball geschlagen wurden. Ja selbst 1824 wendete ein Franzose in einer Krankheit und an einem Individuum 1800 Blutegel an, und 1841 hörte der Verfasser dieser Schrift in Paris in Bouillaud's Vorträgen von ihm rühmen, daß er 57 Individuen 259 Pfund Blut entzogen und zwar coup sur coup. Dieser Grandsaigneur (zu Deutsch: Großaderlasser), wie ihn seine Collegen nannten, trieb sein blutiges Geschäft bis zu seinem Tode.

Pierre Brissot (geb. 1478, † 1522) hatte sich schon 1514 von der Unnatur der arabischen Methode des Aderlassens überzeugt und er begann einen harten Kampf gegen dieselbe. Seine Gegner bewirkten aber beim Parlament ein Verbot gegen seine Lehre und er mußte Frankreich verlassen. In Deutschland wurde man eine Zeitlang vorsichtiger, so daß die Franzosen diesen Zustand eine dangereuse haeresio nannten. Carl V. wurde aber angegangen, den Streit zu entscheiden, der ebenso verderblich wäre, als Luthers Secte in der Theologie.

Während dieser Kampf in Frankreich und Deutschland wüthete, erschien der Stöfflerische Calender, der im flagranten Gegensatz zu Brissot's Lehre dem Aderlaß neue und gefährliche Bahnen brach. Stöffler ignorirt Brissot vollständig.

In dem Capitel XIII handelt Stöffler von der Erkenntniß der Adern des

Menschenleibs und für was Siechlage eine jede geöffnet werden soll. Dieses Capitel ist eingeleitet durch einen in Holz geschnittenen Aderlaßmann, auf welchem nicht weniger als 53 Stellen für den Aderlaß angegeben sind. Der Aderlaßmann selbst ist mit den Wappenschildern des deutschen Kaisers Maximilians I. umgeben. Die 53 Stellen oder Adern sind sodann im XIII. Capitel der Reihe nach in ihrem Werthe für den Aderlaß geschildert. — „Die Aderlässe auf der Ader mitten an der Stirne," sagt Stöffler, „ist Nutz für Augengeschwür, Schmerzen des halben Hirnschädels, und auch für die übergroßen Wehtage des Hauptes, Unsinnigkeit, Tobigkeit, Wüthigkeit und neue Aussätzigkeit, reiniget den Blutgang, heilet die Gebrechtlichkeit des Angesichts, die Farbveränderungen, die dürre, kugligte Raud und schuppende Schäbigkeit. — Die Adern an dem Gaumen gelassen nützen für die Beulen und Blattern des Antlitzes, Grind des Hauptes, Schmerzen der Zähne, Kinnbacken und Beschwerden des Hauptes, Kehlen und Mundes. — Die Median auf beiden Armen wird genannt die Herzader, darum sie das Herz erlöst von Schäden, wird ganz nützlich geöffnet für die Enge und Leiden des Herzens und Hauptes, für Schmerzen der Seiten, Rippen und Gebrechlichkeit des Geistes, wird geachtet als eine gemeine Ader des ganzen Leibes, zu Zeiten genannt die große Ader, etwa die Nährerin. Ihren vollkommenen Nutzen wirst du vornehmen auf (der Nummer) der linken Seite. Diese lautet also: Die Median oder Herzader ist mitten auf beiden Armen, da nicht ist die Maus; wann sie übel gelassen wird, gehet heraus dick Blut und gebürt viel bösen Eiter. Wo sie aber recht geöffnet wird, ist sie gut für alle Schmerzen des Herzens, Magens, Rippen und Seiten rc. rc." Von dem Aderlaßmann selbst sagt Stöffler: es sey ein Ebenbild des Menschenkörpers, daran gezeigt werden die Stätte der Adern, wo eine jede Ader aufgethan und fürzukommen vieler menschlichen Krankheit geschlagen und das verbrennt, verfault, überflüssig Geblüt und Feuchtigkeit ausgelassen werden solle.

Im XII. Capitel spricht Stöffler von der erwählten fruchtbaren und nützlichen Zeit des Aderlassens. Diese Abhandlung umfaßt nicht weniger als 9 Seiten. In derselben spricht er von den Stunden des Tages, von den Monaten, von den erwählten Zeichen nach den 4 Complexionen, den Aspecten oder Anschauungen, die den Aderlaß fördern, von den Aspecten, die ihn verbieten. — Die Stellung der Sonne, des Mondes und der anderen Gestirne schildert Stöffler in ihrem Einfluß auf die Zeit des Aderlassens. In seiner Abhandlung spricht er von Ptolomäus, ein Fürst der Sternseher; von dem hochgelehrten Schwaben, dem großen Albertus (magnus); von Avicenna, Fürst der Aerzte, vom Meister Averroes, von Haly Aben rc. — Das Capitel selbst schließt er mit den Worten ab: „Ob du auch durch Hülfe dieses unseres Calenders nicht aller Dinge, so in dem Capitel beschrieben sind, gründlichen Verstand haben möchtest, so erlerne oder erforsche unsern Almanach, so wirst du aller Dinge geringen (leichten) Verstand haben."

Auch in poetischer Form legte Stöffler seine Ansichten über den Aderlaß dar, denn er wußte genau, daß solche Reime sich am besten beim Volke einprägen und forterhalten. Stöffler sagt vom Januar:

    Kein Blut will ich von mir nit lon,
    Denn es nit gsund in diesem Mon.

Vom März:

    In diesem Mond laß ich kein Blut,
    Schweißbad, das thut mir sehr gut.

Vom Monat April:
>Ich laß mir auf den Median,
>Das mich in Gsundheit halten kann.

Vom Monat Mai:
>Ich bab und will zur Leber lon,
>Warm Kleider will ich ane thun.

Wenn Stöffler vielleicht nicht der Erste war, der in dem Calender den Aderlaßmann eingeführt hat, so kann doch nicht bestritten werden, daß er durch seinen Aderlaßmann und seine Auseinandersetzungen über Aderlaß und Purgation eine Calendervolksheilkunde geschaffen hat, die seit seiner Zeit bis zu Anfang dieses Jahrhunderts, also 3 Jahrhunderte hindurch, in den Calendern eine große Rolle spielte. Ein Aderlaßmann, ein nützlicher Unterricht von dem Aderlassen, eine Ordnung des Aderlassens, eine Aderlaßtafel, so nach dem Mondslauf eingericht, vor diejenige, so nach altem Herkommen gewöhnt sind, wie vom Blute zu judiciren — das sind die Aufschriften von Capiteln in den Calendern, welche bis 1810 erschienen. In diesem Jahre läßt der rastadter hinkende Bote den Aderlaßmann das erstemal weg, und setzt statt dessen ein Gespräch zwischen dem Calendermacher und Landmann ein. In diesem sagt Ersterer, das Aderlaßmännchen gehört ohnehin zum alten Schnickschnack und man wird über solch albernes abergläubisches Gezeug am Ende doch nur ausgelacht. — Aber wie tief und wie dauerhaft sich Stöfflers Lehren im Volke eingelebt haben, kann derjenige leicht erfahren, welcher für die Grundsätze, die das Volk heute noch über den Aderlaß ausspricht, ein offenes Ohr hat. —

Dieser Einblick in die arabisch-mönchisch-astrologische Heilkunde und ihr schädlicher Einfluß auf die Entwicklung der Heilkunde selbst deckt einen dunklen Punkt in Stöfflers wissenschaftlichem Streben auf, und dieser Punkt wird um so dunkler, je mehr er dazu beigetragen hat, jenen Einfluß über 300 Jahre im Volke und auch sonst in Kreisen, die über demselben stehen wollen, zu erhalten.

V.
Stöffler als Astrolog.
Seine Prophezeihung auf das Jahr 1524.

Die Astrologie hatte Jahrhunderte lang die hervorragendsten Geister beherrscht, obgleich sie zu den größten Verirrungen des menschlichen Geistes zählt. Sie bestrebte sich die Form einer Wissenschaft anzunehmen und war die unverkennbare Schwester der Astronomie. Die scharfsinnigsten Denker des Mittelalters bis herab zu Kepler konnten sich nicht von der Astrologie losreißen. Kepler, welcher anderthalb Jahrhunderte nach Stöffler lebte, und die großen astronomischen Gesetze erfunden, schrieb eine Schrift: de fundamentis Astrologiae certioribus 1602; er nannte die Astrologie die Mutter und die Ernährerin der Astronomie. Wenn Stöffler anderthalb Jahrhunderte früher als Kepler unter dem ewigen und eisernen Gesetze des Irrthums wandelte, so darf dieses nicht so außerordentlich befremden, denn letzterer sagt in seinem Tertius interveniens [1]): „Es ist wohl diese Astrologia ein närrisches Töchterlein, aber lieber Gott, wo wollte ihre Mutter, die hochvernünftige Astronomie bleiben, wann sie diese närrische Tochter nicht hätte; ist doch die Welt noch viel närrischer und so närrisch, daß derselben zu ihrem selbst Frommen diese alte verständige Mutter, die Astronomia durch der Tochter Narrentaydung, weil sie zumal auch einen Spiegel hat, nur eingeschwatzt und eingelogen werden muß. Und seynd sonst der Mathematicorum Salaria so seltsam und so gering, daß die Mutter gewißlich Hunger leiden müßte, wann die Tochter nichts erwürbe x."

Stöfflers Hauptschrift über Astrologie ist sein Almanach. Das Wort Almanach, vom arabischen al-manah, d. i. Berechnung, ist im Mittelalter vielfach als Titel für calenderartige Tafeln mit astronomischen Ephemeriden und astrologischen Abhandlungen gebraucht. Gedruckte Almanache sind selten. 1474 erschien ein solcher von Regiomontanus, 1491 gab einen zweiten Engel in Wien heraus, der dritte aber ist derjenige von Stöffler, welcher 1499 erschien.

In der bestimmten Voraussicht, daß der Inhalt des Almanach auch seine bestimmten Gegner finden werde, sagt Stöffler (und Pflaum) in der Vorrede: „Bringet ihr auch bissige Hunde zum Schweigen, die ihren Rachen gegen Sternkundige öffnen und sie begeifern! Ihre Brust ist voll Galle und ihre Zunge in Gift getaucht! Sie sollen aufhören zu verläumden, was man ehren soll, und was zum Zwecke der Ehre und des Ruhmes so wie der Bequemlichkeit halber geschaffen und allseitig vollendet ist. Mögen sie voll Geifer beißen, sticheln, anklagen, verlachen nach Belieben, wir achten sie sicher geringer als Flecken an unserem Gewande. Und so wollen wir mit Gottes Hülfe das Bellen und Gelächter und die Geschosse unserer Neider sonder Mühe überwinden. Unsere mühevolle, aber edle Arbeit, an der wir auch in später Nacht saßen, nehmt sie als Unterpfand unserer besonderen Verehrung [2])! Möge sie so ans Licht bringen und nicht im Finstern bleiben, sondern in die Welt hinaus gelangen. Nützen soll sie allen Freunden der Sternkunde, und wir zweifeln keinen Augenblick, daß wenn diese unsere Arbeit und Unternehmen einer eingehenden Prüfung unterworfen, sie dieselbe aufnehmen und studieren werden [3])."

Dieser schwungvollen Einleitung in den Almanach folgt nun eine kurze Abhandlung zu den Ephemeriden Monteregius, sodann eine Tabula regionum provinciarum et oppidorum insigniorum Europae mit der geographischen Lage. Von schwäbischen Städten ist angeführt: Constanz, Ulma und Thübingen Gymnasium Sueviae. Nach kurzen Abhandlungen kommen dann Prognostica in Compendium redacta, Ysagogica in Astrologiam judiciariam. Auf einer späteren Tafel kommt dann eine Zeichnung der 12 himmlischen Häuser, das Magisterium astrologiae genannt. Ein Canon de domibus coeli fabricandis schließt dann den astrologischen Theil ab.

---

1) Frankfurt 1610, bei Frisch I, 560.
2) Diese Ansprache gilt dem Weihbischof Daniel, Abt Peter in Denkendorf, so H. C. v. Bubenhofen.
3) Die Uebersetzung dieser und anderer Stellen aus dem lateinischen Text Stöfflers hatte Herr Caplan Lorinser dahier die Güte zu besorgen.

Die himmlischen Häuser, aus welchen das Schicksal der Menschen vorhergesagt wurde, bilden eine Grundlage für die Astrologie. Die Lage der 12 Häuser gegen den Horizont eines gegebenen Ortes für eine bestimmte Zeit, z. B. für den Augenblick der Geburt eines Menschen (Nativität), nennt der Astrologe Thema und aus diesem erfolgt die Prophezeihung. Die Herstellung der 12 Häuser erfolgt in jedem einzelnen Falle in der Art, daß man den Aequator in 12 gleiche Theile theilt. Auf 19 Tafeln vollzieht dieses Stöffler mit Berechnungen, die in Zahlen Ausdruck gefunden haben. Die Häuser selbst heißen in der Astrologie 1) das Haus des Lebens, Horoscop, 2) das Haus des Glückes oder des Reichthums, 3) das Haus der Brüder, 4) das Haus der Verwandtschaft, 5) das Haus der Kinder, 6) das Haus der Gesundheit, 7) das Haus der Ehe, 8) das Haus des Todes, 9) das Haus der Religion, 10) das Haus der Würden und Kronen, 11) das Haus der Freunde und Wohlthäter, 12) das Haus der Feinde und Gefangenschaft [1]).

In wie weit Stöffler sich mit der Stellung der Nativität befaßt, kann nicht mit Bestimmtheit angegeben werden. Vermuthlich haben alle seine Freunde und Gönner dieselbe von ihm verlangt und wohl auch erhalten. Hierunter zählen wir: Kaiser Maximilian I., König Ferdinand, Herzog Ulrich, Weihbischof Daniel, Abt Peter, H. C. v. Bubenhofen ꝛc. Bestimmt wissen wir, daß er die Nativität Reuchlin, seinem Freunde, gestellt hat. Ein Aehnliches kann auch für Melanchthon geschehen seyn.

Am berühmtesten aber wurde Stöffler durch seine Prophezeihung für das Jahr 1524, denn sein Name und sein Ruf wurde durch dieselbe durch ganz Europa und die civilisirten Theile von Asien und Afrika verbreitet.

In dem geistigen Leben der Völker hat sich seit den Urzeiten der Gedanke geltend gemacht, die Welt gehe einmal durch Feuer oder Wasser zu Grunde. Diese Hypothese erbte sich von Geschlecht zu Geschlecht und Prophezeihungen aller Jahrhunderte deuteten bestimmte Zeiten für diese Katastrophe an. Die stattfindenden Erdbeben treten dieser Ansicht bestätigend zur Seite. Auch die neuere Naturforschung steht dieser Anschauung nicht gerade entgegen, und Falb sprach sich in seinen Vorträgen in Stuttgart (März 1877) in seiner neuen Erdbebentheorie für eine Wiederholung einer Sündfluth aus und bezeichnete das Jahr 6400 n. Ch. als denjenigen Zeitpunkt, wo diese Möglichkeit eintreffen dürfte. Die religiösen Anschauungen der vorchristlichen Zeit, die Annahme des jüngsten Gerichtes im Christenthume, der Inhalt der johanneischen Apokalypse sind Momente, die dieses Ereigniß immer und ewig neu in dem Gemüthe der Menschheit auftreten lassen.

Fassen wir nun einen Astrologen ins Auge, der diese seine Afterwissenschaft in wissenschaftliche Formen zu bringen suchte, so darf es uns heute, nachdem mehr als drei Jahrhunderte verflossen sind, nicht mehr wundern, wenn ein Mann von Stöfflers Namen durch die Prophezeihung einer Sündfluth das Erdenrund in Angst und Schrecken versetzte.

In die Ephemeriden, die 1499 in seinem Almanach erschienen, schrieb Stöffler zum Jahre 1524 folgende 8 Linien:

Hoc anno nec solis nec lunae eklipsim conspicabimur. Sed praesenti anno errantium siderum habitudines miratu dignissime accident. In menso enim febru-

---

[1]) Zu weiterem Verständniß in der Stellung der Nativität möge nachgelesen werden in Frisch: Keplers Werke 1, 295, 386.

ario 20 conjunctiones cum minime mediocres tum magne accident, quarum 16 signum aqueum possidebunt, quae universo fere orbi climatibus, regnis, provinciis, statibus, dignitatibus, brutis, beluis marinis cunctisque terrae nascentibus indubitatam mutationem, variationem ac alterationem significabunt, talem profecto qualem a pluribus saeculis ab historiographis aut natu majoribus vix percepimus. Levate igitur viri christianissimi capita vestra!

Diese Worte gaben Stöfflers Schrift alsbald eine ungeheure Verbreitung, und die gelehrte, noch mehr aber die ungelehrte Welt befaßte sich alsbald mit dieser Prophezeihung.

Zuerst griff in Frankreich Albertus Pighius zur Feder, denn er veröffentlichte in Paris 1518 die Schrift: Astrologiae defensio adversus prognosticorum vulgus. In Italien schrieb Augustus Niphus, Neapel 1519: De falsa diluvii prognosticatione. Dieselbe Schrift erschien in Rom 1521. In Deutschland ließ Scheubel[1]) eine Schrift ausgehen, die den Titel führt: daß kein Sündfluß werd aus der heiligen Schrift probirt und gezogen, damit sie sich mögen schützen wider die Astrologos, die mit dem Gewässer einer Sündfluß fürgeben im Jahr 1524, 25. Februar. — G. Tanstetter ließ die Schrift drucken: Libellus consolatorius, quo opinionem jamdudum animis hominum ex quorundam astrologastrorum divinatione insidentem de futuro diluvio etc., a fundamentis exstirpare conatur. Viennae 1523²).

Der in Italien, Frankreich und Deutschland angegriffene Stöffler stand gewaltigen Gegnern gegenüber. Eine Antwort gab er nur Tanstetter in der Schrift: Expurgatio adversus divinationem etc., Tubingen 1523. In dieser sagt Stöffler, daß 1524 eine eigenthümliche Beschaffenheit der Gestirne eintrete und zwar theils mittlere, theils große Conjunctionen, von denen 16 wässerig seyen. Sie bedeuten für die ganze Welt eine Veränderung, wie noch nie eine vorhanden war. „Ich habe noch Niemand," fuhr er fort, „Furcht eingejagt, indem ich nicht sagte, was für eine Veränderung, noch wann, noch speciell für welches Land. Ich unterscheide auch eine causa prima und eine causa secundaria. Die erste ist von Gott, die zweite sind die Dinge, durch die er wirkt. Allein wenn Gott nur als causa prima wirkt, gibt es doch Anzeichen von dem, was er wirken wollte. — Es gibt wohl Astrologaster, z. B. einen gewissen Lucas, der aufs Jahr 1512 eine totale Ueberschwemmung angesagt hat. Ich habe damals mit allen wissenschaftlichen Gründen ihn widerlegt; demnach bin ich kein solch leichtgläubiger Mensch. — Ich habe in meiner Bemerkung für 1524 nichts vom jüngsten Tage, sondern nur von Mutationen und Variationen gesprochen, deren Art und Weise bei Gott steht ꝛc. ꝛc."

Während Stöffler sich schriftlich mit Tanstetter abkämpft, fingen die Bewohner der alten Welt an, vor dem hereinbrechenden 25. Februar in außerordentliche Exaltation zu kommen. In Italien, Frankreich, Spanien und Deutschland forderten die Einwohner von ihren Regierungen Schutzmaßregeln gegen die Ueberschwemmung; denn das Volk glaubte Stöffler mehr als allen anderen Gelehrten, deren Schriften oben angegeben sind. Man solle Flüsse und Archen bauen, damit die Menschen sich auf sie

---

1) Johannes Scheubel, 1494 in Kirchheim geb., wurde 1544 Professor der Mathematik und Astronomie in Tübingen; er starb 1570. 1562 erschien von ihm eine Algebra in Paris.
2) s. Beilage 17.

flüchten können. Die Welterignisse, auch wenn sie von höchster Wichtigkeit waren, machten keinen Eindruck auf das von der Angst gepeinigte Volk. In Frankreich verloren viele Menschen vor der angekündigten Ueberschwemmung den Verstand. Karl V. verlangte Gutachten von seinen Räthen und Gelehrten, und je näher der Tag heranrückte, in desto traurigere Zustände versank das Volk. Als der Tag nun nahe war, flohen ganze Familien auf Berge, und der Bürgermeister von Wittenberg ließ sich eine ziemliche Menge Bier, um nicht bei der Sündfluth zu verdürsten, auf den obern Boden seines Hauses bringen.

Der 25. Februar 1524 brach an und verlief ohne die geringste Ueberschwemmung, hatte sogar einen freundlichen Character, und die Welt war von ihren großen Zweifeln und ihrer noch größern Angst befreit.

Durch eine solche Niederlage hätte man meinen sollen, wäre Stöffler in der öffentlichen Meinung vernichtet. Dem ist aber nicht also, denn Gott hat das Flehen um Rettung und die Buße der Menschen erhört, und in seiner Allmacht liegt es auch, das Drohendste abzuwenden. — Dieses sagt auch Stöffler in der Schrift gegen Tanstetter, daß alles bei Gott stehe, der strafen und die angedrohten Strafgerichte gegen die Menschheit, wenn sie sich bessert, zurückziehen, in den Lauf der Gestirne eingreifen und sagen kann, so und nicht anders ist mein Wille. —

Zwei dunkle Seiten bei Stöffler sind in den Capiteln IV und V zur Sprache gebracht. Der damalige Stand der Wissenschaften läßt diese schwache Seite Stöfflers einigermaßen entschuldigen, denn auch andere große Geister wie Kepler haben unter demselben Banne gelebt und geschrieben. Am auffallendsten ist es aber, daß der Zeitgenosse Stöfflers, Copernicus, den Weissagungen desselben gegenüber ein so tiefes Stillschweigen beobachtet hat. Aber auch der Canonicus Copernicus hat seine Ansicht, daß die Sonne der Mittelpunkt der Welt und die Erde ein Planet sey, nur als eine Hypothese dargestellt, zu der ihn die damals herrschenden Begriffe zwangen.

VI.

Stöffler als Mathematiker und Astronom.

Euklid und Archimedes brachten die Geometrie der Griechen auf ihren Höhepunkt, während die Römer für mathematische Studien nur wenig Sinn an den Tag legten. Die Astronomie soll anno 2300 v. Chr. in China cultivirt worden seyn. Schon damals hatte man erkannt, daß das Sonnenjahr 365¼ Tag habe. Die alexandrinische Schule zur Zeit der Ptolemäer kannte ein besseres und vollständigeres Verzeichniß der Fixsterne. Der Alexandriner Ptolemäus hat ein vollständiges System der Astronomie hinterlassen. An dieses hingen sich die Araber sclavisch. Erst im 15. Jahrhundert traten aber Männer auf, welche die Wissenschaft wesentlich förderten. Zu diesen zählen Purbach, gest. 1461, seine Schüler Regiomontanus, gest. 1476, und unser Stöffler.

Indessen fehlte es schon auch vor dieser Zeit nicht an Männern, welche in Deutschland und besonders Schwaben sich hohen Ruf in der Mathematik und Astronomie erworben.

Die Entdeckung des Fernrohrs wird auf das Ende des 16. Jahrhunderts bestimmt und gesagt, dasselbe habe Metius oder Jansen in Holland erfunden. 1609 soll Galiläi Kunde von der Entdeckung erhalten, und dasselbe zum 2. Male erfunden haben. Sofort erfand aber erst Kepler das astronomische Fernrohr und gab die erste theoretische Erklärung desselben. Daß aber dieses für die Astronomie unschätzbare Instrument schon vor Galiläi und Kepler, wenn auch in anderem Zustande, existirte und von den Astronomen der Klöster angewendet wurde, ist eine Thatsache, welche wir hier anführen müssen.

Wir glauben nämlich, daß auch **Stöffler**, der Erbe der Mönchsastronomie, von demselben Kenntniß gehabt haben kann.

In der Stiftsbibliothek in St. Gallen hat der Codex 18 auf Seite 43 eine Zeichnung, auf welcher ein Mönch dargestellt ist[1]), wie er durch ein Fernrohr ein Gestirn beobachtet. Das ganze so schön ausgearbeitete Stativ spricht dafür, daß man großen Werth auf das Instrument gelegt hat. Eine räuberische Hand hat aber den Discos herausgeschnitten. Das Blatt, auf welchem sich die Figur befindet, ist ein Palimpsest, d. h. ein Pergament, das zum zweitenmal beschrieben wurde, wobei die erste Schrift verdeckt oder verdunkelt ist. Diese Figur, wie sie nebenan abgebildet ist, gehört der ersten Schrift an, die vorherrschend in Uncialbuchstaben geschrieben ist[2]). Die zweite Schrift mag aus dem

„Ein Mönch beobachtet die Gestirne."
(Bild vor dem XIII. Jahrhundert.)

---

[1]) Ildefons von Arg, Geschichte des Cantons St. Gallen 1810, I, 265. Stiftsbibliothekar Räß in St. Gallen hatte die Freundlichkeit, das interessante Bild zu copiren, wie es der Holzschnitt giebt.

[2]) Uncialbuchstaben hießen ursprünglich diejenigen, welche auf Monumenten gebraucht wurden. Sie hatten die Höhe eines Zolles (Uncia).

13. Jahrhundert stammen. Um wie viel älter die erste Handschrift ist, läßt sich nicht bestimmen, da nur Weniges davon lesbar ist. Im gleichen Codex folgen noch 3 Blätter Palimpseste, zu denen die Figur gehört, denn der Inhalt ist Astronomisches[1]). Was in dem ausgeschnittenen Theile gezeichnet war, läßt sich nicht ermitteln, es ist aber möglich, daß hierüber der Text Aufschluß gibt, und sagt, welche Construction das Fernrohr in seinem Innern hatte.

In Schwaben war es Hermann der Contracte, welcher die Mathematik und Astronomie mit großem Erfolge bearbeitete; derselbe ist 1013 geboren, und war Sohn des Grafen Wolfrad II. von Beringen. Diese Familie zählt zu den Stammesgenossen der Grafen von Würtemberg, denn auch die Beringer führen das Hirschhorn im Wappen. Von Kindheit an litt er an Gichtschmerzen, die ihn so zerrütteten, daß er ohne Hülfe sich nicht bewegen konnte. Man nimmt an, er sey in St. Gallen erzogen und in der Reichenau Mönch gewesen. 1054 starb Hermann und wurde in Altshausen in der Gruft seiner Väter begraben. Von ihm besitzen wir noch die Schriften: De mensura Astrolabii und De utilitatibus Astrolabii. Ein zweiter Heros in der Mathematik und Astronomie war in Schwaben Wilhelm, von 1071—1091 Abt in Hirschau; auch er schrieb über das Astrolabium und 3 Bücher astronomischer Institutionen. Er gilt wohl am richtigsten als Erfinder der Uhren. — In gleicher Weise war auch Albertus Magnus, Graf von Bollstätt, (1205 in Lauingen geboren und in Cöln 1280 gestorben,) groß in Mathematik und Mechanik. Sämmtliche 3 Männer kannte Stöffler aus ihren Schriften genau und citirt sie zu wiederholten Malen.

Da die rein mathematischen Schriften Stöfflers nicht aufgefunden werden konnten, so müssen wir hier über eine Hauptthätigkeit in seinem Lehramte schweigen.

Das wichtigste astronomische Werk Stöfflers sind seine Ephemeriden, sie theilen aber das Schicksal der gleichnamigen Werke von Purbach und Regiomontan, welche durch die Entwicklung der Astronomie als unrichtig angesehen werden müssen. An Berühmtheit zu ihrer Zeit übertrafen sie vielleicht diejenigen der beiden genannten Astronomen und waren auch lange noch nach Copernicus' Entdeckungen in Benützung, und Mästlin, der große Astronom, nannte ihn wohl wegen dieser Ephemeriden tantum virum, so wie ihn Frisch[2]) als einen der Begründer der Astronomie beim Wiedererwachen der Wissenschaften in Europa bezeichnet.

Die Ephemeriden selbst sind astronomische Tafeln, worin die täglichen Stellungen der Sonne, des Mondes, der Planeten und die übrigen Erscheinungen am Himmel verzeichnet sind. Stöffler arbeitete seine Ephemeriden auf 30 Jahre und zwar von 1499—1531. Diese Riesenarbeit vollendete er als Pfarrer in Justingen, denn nur in diesem ruhigen abgelegenen Alborte konnte er ungestört dieses Meer von Zahlen schaffen. — Bei der ersten Ausgabe zieht Stöffler den Meridian über Ulm, ad situm imperialis et praeclari oppidi Ulm. In der späteren Ausgabe der Ephemeriden 1513, wo Stöffler Professor in Tübingen ist, zieht er den Meridian über Tübingen, ad situm Tübingen, und sagt in seinem großen Calender: „Hiebey soll keineswegs verhalten werden, daß alle unsere Rechnung der Stunden und Minuten ist abgefertiget auf den Mittentag der grünenden und blühenden Hohenschul zu Tübingen, darum daß

---

1) Cardinal Angelo Mai hat die Kunst erfunden, die ersten Handschriften der Palimpseste zu lesen. Er bringt dazu chemische Mittel in Anwendung.
2) Schriftliche Mittheilung.

sie allen Europäern lobreicher würde und wir (nach unserm höchsten Vermögen), allba wohnend, dieß Buch gemacht haben..." Würde Stöffler, unter der Bezeichnung „unsere Wohnung" sein Wohnhaus und nicht die Stadt Tübingen verstehen, so hätte er seinen Meridian über die alte Bursa, jetzt geburtshülfliche Klinik gezogen. Nach Stöffler liegt Tübingen: Longitudo: 26 Gb. 23 M., Latitudo: 48 Gb. 38 M.

Die Beurtheilung Stöfflers als Astronom hat Delambre in seiner Histoire de l'Astronomie du moyenage, Paris 1819 versucht. Wir geben sie wörtlich von p. 373—376 und 572 bis 573 und müssen die Correctur einzelner fehlerhafter Angaben dem Leser überlassen.

I. Jean Stoeffler, né en 1472, professeur de Mathématiques à Tubingue, et mort en 1530, a fait des éphémérides pour 50 années, à commencer de 1500. Regiomontanus en avait publié pour 30 années, depuis 1475 jusqu'à 1506. Lalande dit qu'à la Bibliothèque du Roi on en trouve pour 1442. Les livres de cette espèce, où l'on voit jour par jour les longitudes et les latitudes des planètes, leurs aspects, l'annonce des éclipses et les phénomènes à l'observation desquels il est bon qu'on se prépare, n'étaient pas inconnus aux Grecs, et se sont fort multipliés depuis l'invention de l'imprimerie. Les astronomes les publient d'avance pour un certain nombre d'années, et c'est dans leurs recueils que les compilateurs prennent ce qui leur est nécessaire pour les almanachs nombreux qui paraissent au commencement de chaque année, pour les usages civils. Les éphémérides étaient destinées particulièrement aux astronomes et aux astrologues. Utiles à l'époque pour laquelle elles sont calculées, elles sont ensuite ensevelies dans la poussière des bibliothèques, où l'on va rarement les consulter. On les calcule sur les tables qui passent pour les meilleures à chaque époque; elles peuvent encore épargner quelques calculs dans la discussion qu'on pourrait faire des observations de Tycho, de ces contemporains et de ces successeurs. On y trouve aussi quelquefois des Préfaces ou de petits Mémoires qui peuvent n'être pas sans intérêt. C'est ce qu'on peut remarquer dans les éphémérides de Képler et de quelques astronomes plus modernes. Nous ne dirons rien de celles de Stoeffler, que nous n'avons pu nous procurer. Les uns disent qu'elles finissent à 1531, d'autres à 1532. Lalande dit qu'elles ont été étendues depuis jusqu'à 1544. Dans sa Bibliographie il parle d'un Jean Stoefler et d'un Jean Stoeflerin. Il paraît supposer que c'est le même. A la page 26, il attribue les éphémérides à Stoeflerin; page 27, il annonce des Tables astronomiques de Stoeffler; page 31, il donne comme de Stoefler, le même ouvrage qu'il attribuait à Stoeflerin, page 26; page 36, il donne à Stoeflerin un Traité de l'Astrolabe, dont nous allons parler.

Elucidatio fabricæ ususque astrolabii a Joanne Stoeflerino Justingensi, viro germano et totius sphæricæ doctrinæ doctissimo, nupor ingeniose concinnata atque in lucem edita, 1513. (L'édition, que je possède, est celle de 1594.) Cui, perbrevis ejusdem astrolabii declaratio a Jac. Kœbellio adjecta est.

L'auteur ne donne que des constructions graphiques, et ce sont celles de Ptolémée. Il donne aux almicantarats le nom de cercles de projection; il place à l'horizon les cercles verticaux, les cercles des heures égales ou équinoxiales. Pour les heures inégales, comme il les suppose des grands cercles de la sphère, elles sont nécessairement des cercles sur la projection ; mais on a trois points de chacun de ces cercles, il ne reste plus qu'à en chercher le centre, ce qui est un problème très élémentaire de Géométrie. L'équateur et les deux tropiques sont coupés par l'horizon, en parties dont l'une est l'arc diurne, l'autre l'arc nocturne. Partagez chacun des trois arcs diurnes en deux parties égales, vous aurez sur chaque ligne horaire trois points par lesquels il ne restera plus qu'à faire passer un arc de cercle.

Pour placer les cercles des maisons, il donne la préférence à la méthode qu'on appelle rationnelle, et qui est celle de Régiomontan. Ce sont des grands cercles dont la position est déterminée. Il n'y a donc aucune difficulté à le placer sur l'astrolabe par les règles générales ; mais comme tous ces cercles passent par un même point de l'horizon, et qu'ils partagent chaque quart de l'équateur en trois parties égales, on a toujours trois points de chaque cercle, il ne s'agit plus que de trouver le centre.

Les lignes crépusculines sont des almicantarats ; il a déjà donné d'avance la manière de les placer. Les quatre vents cardinaux sont indiqués naturellement par deux diamètres de l'équateur, qui se coupent à angles droits. La manière dont il place les huit autres, à 24° des principaux, de part et d'autre sur le limbe extérieur, est expéditive, et il serait bien inutile d'y chercher plus d'exatitude.

En parlant de l'Araignée, il nous apprend que les Arabes la nomment Alancabuth ; il divise le zodiaque au moyen d'une règle qu'il fait passer par le pôle de l'écliptique, et quil fait tourner le long des divisions de l'équateur. Dans toutes ces positions, la règle indique les points de l'écliptique qui répondent à l'équateur. Ce moyen ingénieux et simple n'était pas inconnu à Ptolémée, ni très probablement à Hipparque ; nous l'avons démontré dans notre Extrait du Planisphère de Ptolémée, ainsi que la manière de placer les étoiles sur l'Araignée.

L'ostenseur, la règle, l'index, l'almuri, tout cela est la même chose ; c'est l'alidade. Sur le dos de l'astrolabe, Stoeffler place l'excentrique du Soleil, qu'il divise en mois. Un cercle intérieur marquait les jours de chaque mois ; un autre, encore plus petit, marquait les lettres de la semaine ; enfin, un dernier marquait les noms des saints et les fêtes principales. Le dos de l'astrolabe marquait encore les ombres verses et droites, et les divisions du quart de cercle servaient à observer les hauteurs et les dépressions ; on y marquait aussi quelquefois les heures égales et inégales.

La seconde partie enseigne à se servir de l'astrolabe, et n'est pas susceptible d'extrait. On y voit que les Babyloniens, les premiers, partagèrent le jour et la nuit en heures toujours égales entre elles, et qui variaient continuellement d'un jour à l'autre. Il cite le témoignage d'Hermès-Trismégiste ; mais sans avoir lu cet auteur, j'ai pensé que le cadran de Bérose avait pu suggérer l'idée de cette division et la manière de connaître l'heure en tout tems par l'ombre du Soleil. Herman dit que les offices divins étaient assujétis aux heures temporaires.

En terminant cette partie, Stoeffler décrit le cadran à deux limbes, qui montrait l'heure par un fil à plomb sur lequel glissait une perle que l'on plaçait plus haut ou plus bas, selon la déclinaison du Soleil. Deux pinnules servaient à placer l'instrument à la hauteur du Soleil, le fil à plomb était la ligne verticale, la perle marquait l'extrémité de la tangente de la hauteur du Soleil et l'heure qui y correspondait.

Cet Ouvrage, et l'Extrait qu'en fait Kœbellius, ne nous apprennent donc rien qui concerne la théorie, mais seulement ce qu'on était alors dans l'usage de marquer sur les astrolabes, et c'est uniquement pour cette raison que nous en avons parlé. On voit à la page 155 une figure qui est remarquable et prouve le goût de l'auteur; elle représente un triangle rectangle, l'œil est à l'angle de la base, un singe est au sommet, relevant la queue pour rendre le point de mire plus visible.

Stoeffler est encore auteur d'un long Commentaire sur la sphère de Proclus. Quoiqu'il y affecte beaucoup d'érudition, son livre ne nous apprend rien, pas même le plagiat impudent de Proclus.

II. Parmi les modernes qui ont traité de la Gnomonique, les premiers, suivant Montucla, furent Jean Stabius, André Striborius et Jean Werner, astronomes du quinzième siècle, dont les ouvrages n'ont pas vu le jour; il ajoute que Jean Schoner fit paraître, en 1515, un livre intitulé: Horarii cylindri canones, où il enseignait la construction des cadrans cylindriques; et que son fils André publia, depuis, ses propres ouvrages gnomoniques, à Nuremberg, en 1562; mais Lalande a dit que Sébastien Munster avait été le premier. Les dates prouvent que Lalande avait raison, du moins contre Montucla.

Cependant on trouve quelques idées de Gnomonique moderne dans un Traité de Stoffler, sur le Calendrier romain, imprimé en 1518, c'est-à-dire treize ans avant la première édition du livre de Munster. On y voit la description du carré horaire général, d'après Régiomontan. Ce carré suppose déjà les heures égales; elles étaient donc établies dès le milieu du quinzième siècle, et peut-être plus anciennement.

Stoffler, prop. 21, enseigne la construction d'un quadrant propre à faciliter la description des cadrans horizontaux.

Soit le quart de cercle CB, divisé en ses 90° de C en B. Tirez les rayons AC, AB; divisez AB et AC en trois parties égales, et tracez les quarts de cercle DF et EH, du même centre A. Le cercle CB servira, par exemple, pour la hauteur du pôle 36°; le cercle DF pour la latitude 49°, et EH pour 62°. Ces nombres sont arbitraires; on peut les resserrer ou les étendre.

D'après une table des angles horaires du cadran horizontal, pour 36° marquez sur BC les points des six heures égales; avec la table de 49°, marquez-les de même sur DF; et avec celle 62°, marquez-les sur EH.

Par les trois point correspondans d'une même heure, comme 1, 1, 1, ou 2, 2, 2, etc., faites passer un arc de cercle.

Par le centre A, faites passer un fil très fin, le long duquel glissera une perle. Divisez les parties CD et DE chacune en treize parties égales; la droite CD indiquera tous le degrés de latitude de 36 à 62°. Arrêtez la perle au point qui marque la latitude; alors faites mouvoir le fil autour du centre A, le long de CB; dans ce mouvement, la perle indiquera sur les courbes horaires le point qui convient à la latitude.

Quand la perle couvrira une des courbes, le fil formera au centre A, avec le rayon AC, l'angle horaire de l'heure et du lieu. Cet angle vous servira à tracer votre cadran horizontal. Il ne restera plus qu'à placer l'axe qui doit faire, sur la méridienne AC, l'angle égal à la hauteur du pôle sur le plan du cadran.

On voit que la méthode n'est qu'approximative; elle n'est rigoureuse que pour les trois latitudes primitives.

Stoffler nous dit qu'on peut calculer les angles horaires par les vieilles tables du premier mobile, et notamment par celles de Régiomontan. On devait connaître la formule $\left(\frac{\sin A}{\cos A}\right) = \sin H \left(\frac{\sin P}{\cos P}\right)$. Stoffler ne parle pas de cette formule; il nous dit seulement que par ses tables du premier mobile, l'opération est laborieuse, mais parfaite.

Stoffler nous dit encore qu'il pourrait nous enseigner à décrire le cadran oriental et occidental; il donne des tables des angles horaires du cadran horizontal et du vertical non déclinant, pour nombre de latitudes, et ces tables sont exactes. On connaissait donc la règle qui sert à calculer ces angles, quoique Stoffler n'en fasse aucune mention expresse. Les cadrans avaient un centre; ils marquaient l'heure par l'ombre d'un axe. Voilà tout ce que nous apprend Stoffler, et probablement tout ce que l'on connaissait avant Munster; il en résulte évidemment qu'une Gnomonique nouvelle s'était formée, dont on ne peut assigner le premier auteur. Voyons du moins quels accroissemens elle aura reçus entre les mains des auteurs qui ont succédé à Stoffler.

VII.

Stöffler und die Calenderverbesserung.

Seit der Mitte des 2. Jahrhunderts entstand über die Zeit der Feier des Osterfestes zwischen der orientalischen und occidentalischen Kirche ein sehr heftiger Streit, welcher der Osterstreit genannt wird. Die morgenländischen Christen wollten dieses Fest am 15. Nisan zugleich mit den Juden feiern, die abendländischen dagegen ohne Passamahl an einem Sonntage als dem Auferstehungstag Jesu. Die Bestimmung des Osterfestes ist für die ganze Festrechnung der christlichen Kirche sehr wichtig, da sich alle andern beweglichen Feste nach demselben richten. Das Osterfest soll an dem Sonntag gefeiert werden, der zunächst auf den Frühlingsvollmond folgt, und wenn dieser Vollmond auf einen Sonntag fällt, an dem nächst folgenden Sonntag. Unter dem Frühlingsvollmond versteht man denjenigen am 21. März, an welchem Tag man den Anfang des kirchlichen Frühlings setzt. Der zur Bestimmung des Osterfestes dienende Vollmond ist aber in Wirklichkeit nicht der astronomische und wahre, sondern der mittlere Vollmond, der immer 14 Tage nach dem Neumond gesetzt wird. Diese ursprünglich alexandrinische Berechnungsweise ging durch den Abt Dionysius in Rom (525) auch in die römische Kirche über. Durch dieselbe soll bezweckt werden, daß das christliche Osterfest nie mit dem der Juden auf denselben Tag des Jahres fallen soll; allein dasselbe fällt 1805, 1825, 1903, 1923, 1927, 1981 mit jenem zusammen.

Diese für die katholische Kirche wichtige Frage rief stets den allgemeinen Wunsch nach einer Verbesserung des Calenders hervor. Die Synode von Arles 314, das Concil von Nicäa 325 behandelte diesen Gegenstand. Eine wichtige Vorarbeit hatte für das Constanzer Concil (1414—1418) der sternkundige Cardinal von Ailly ausgearbeitet und Cardinal Nicolaus von Cusa that das Gleiche für das Basler Concil (1431—1440). Sixtus IV. berief 1474 den Mathematiker Regiomontanus wegen der Calenderverbesserung nach Rom. Ohne seine Aufgabe zu vollenden, starb er daselbst 1476. Julius II. und Leo X. ließen die Sache nicht ruhen und ersahen das Concil im Lateran als diejenige Versammlung, welche die Sache entscheiden sollte.

So lagen die Verhältnisse, als Stöffler aufgefordert wurde, seine Ansichten über die Calenderverbesserung darzulegen. Stöffler sagt im 31. Capitel seines großen Calenders: „Darum bin ich in vergangenen Jahren durch meine Oberen aufgefordert worden bei verbundenem und schuldigen Gehorsam und schwerem Banne, daß ich nach meinem Vermögen und Verstand meines lauteren Gewissens thäte in Geschrift anzeigen, in was Gestalt oder Form die Mängel des römischen Calenders möchten abgestellt werden, daß gemeldeter Calender wiederum zu seinen Kräften und Nutzbarkeit käme, zu verhüten andere daraus fließende Schäden. Das habe ich als gehorsamer Sohn gethan und meine Meinung in diesen Dingen mit gebührlicher Protestation lassen überantworten unserem allerheiligsten Vater Pabst Leo X., den hochgelehrten Vätern des Concilii lateranensis etc. Die mögen dieß mein Schreiben und Meinung annehmen, abthun, bessern, mindern oder mehren, und mich auch insbesonder bezeuget und protestiret; daß ich hierin nichts will fürnehmen oder halten, denn das von obengenanntem unserem allerheiligsten Vater dem Pabst von gemein Concilii lateranensi oder von andern Päbsten oder Concilien wird bestätiget und approbirt. Hab auch solches beschrieben, als mich in meinem Wissen hat gut bedaucht, Niemanden zu Haß und Widerwillen, allein zu gut der heiligen christlichen Kirche und der Wahrheit, darzu ich durch inbrünstige Begierde und gemeinen Gelübdes der Taufe verbunden bin."

Stöffler hat eine deutsche und lateinische Ausgabe seines Calenders drucken lassen; die lateinische Ausgabe enthielt 41, die deutsche Ausgabe aber nur 31 Capitel. Die Gründe hiefür spricht er sehr deutlich in nachfolgenden Worten des 31. Capitels aus: „Darum so solche Dinge von meinen Händen genommen sind, so will ich davon in deutscher Zunge nicht schreiben. Bitte den gemeinen schlichten, frommen und einfältigen Laien, er wolle nur Begnügen haben an dem 4. und 5. Capitel dieses Calenders, indem er genugsammtlich findet die Feier des österlichen Tages und aller andern beweglichen Feste nach Brauch der heiligen römischen Kirche. Dann ich will mich dem gemeinen Laien und Niemand fürwerfen zu einem Stoßstein, daß er ob meinem Schreiben Aergerniß empfinge. Ich habe auch in meinen mindern Jahren bis in mein Alter solche Dinge nach meinem Vermögen geflohen, ermahne und bitte alle frommen und schlichten Laien, sie wollen sich treulich hüten vor Erfahrung der Dinge, die ihnen zu hoch sind, seynd nicht zu spitzfindig, nicht zu hart zu ergründen verborgene Dinge, ihre Vernunft übertreffend. Fürwahr der hoch steiget, leidet oft schweren Fall."

Da Stöffler sagt, er sey von seinen Oberen mit schwerem Banne bedroht, wenn er seine Vorschläge nicht ausarbeite, so ist man begierig zu wissen, wer diese mächtigen Oberen seyen. Hierüber gibt Stöffler in der lateinischen Calenderausgabe Auskunft, denn er bezeichnet sie mit den Worten: Rector et Consiliarii florentissimi studii tubingensis. 1514 war Jakob Lempp von Steinheim, Doctor der Theologie und Decretalen, Rector der Universität. Dieser Lempp war Genosse Reuchlins und vertheidigte denselben 1513 in Mainz in dem Streit mit den cölnischen Theologen. Die Consiliarii waren wohl die damaligen ordentlichen Lehrer der Theologie: der eine ist der bekannte Wendel Steinbach und der andere Martin Plantsch, ein ebenso geistreicher als salbungsvoller Prediger. Derselbe ist der Stifter des Martinianums und wurde 1533 von dem Bischof von Constanz, Hugo von Landenberg, nach Zürich geschickt, um gegen Zwingli die Sache des Pabstes und der Kirche zu vertheidigen.

In der deutschen, sowie in den zehn weitern Capiteln der lateinischen Calenderausgabe handelt Stöffler sehr ausführlich vom Calender des Julius Cäsar, den Fehlern, welche Abt Dionysius in seinem Calender einführte, bespricht Ambrosius, Cyrillus, Policarpus, die anatolischen Bischöfe, die Beschlüsse des nicäonischen Concils, den Streit der Griechen mit den Alexandrinern, den der Griechen mit den Lateinern über das Passafest, beleuchtet diesen nicht enden wollenden Streit mit seinen astronomischen Ansichten, die er zur Correction des Calenders angewendet wissen will, und definirt sodann die allein richtig gestellte Passafeier. — Alle seine Untersuchungen concentrirt Stöffler in ein Summagium mit 11 Vorschlägen; diese lauten also:

1. Vorschlag.

Die römische Kirche muß die wahre Größe des Jahres, so weit es möglich ist, kennen lernen. Und zwar ist für unsere Zeit die Größe des Alfonsinischen Jahres die sicherere.

2. Vorschlag.

Die Berechnung des christl. Osterfestes beruht auf 3 Bedingungen: der Beobachtung des Frühlingsäquinoctiums, des Vollmondes nach dem Frühlingsäquinoctium, und der Beobachtung des Sonntages.

3. Vorschlag.

Die Kirche soll zum Zwecke der Calenderverbesserung und der Feier des hohen Osterfestes, das wirkliche, nicht das mittlere Aequinoctium beobachten.

4. Vorschlag.

Die Kirche soll dem wahren Frühlingsäquinoctium seine Stelle im März anweisen; und zwar soll sie entweder jetzt den 10. und 11. März wählen, oder sie soll es mittelst Reduction auf den 21. und 22. März ansetzen, jedoch nur allmälig, nemlich durch Auslassung von 11 Schalttagen, die während 40 Jahren in den betreffenden Schaltjahren nicht eingeschaltet werden.

5. Vorschlag.

Zum Zwecke einer dauernden Verbesserung des römischen Kalenders muß das Aequinoctium, nachdem es einmal angesetzt ist, auch fixirt werden, damit es nicht in Zukunft seine Stelle ändere; dies geschieht nach Alfonsinischer Berechnung durch Auslassung eines Schalttages in etwa 134 Jahren. Sonst verwickelt sich die Kirche wieder in die alten Irrungen.

6. Vorschlag.

Als natürlicher Tag wird hiebei passend angenommen die Zeit von Mitternacht bis wieder Mitternacht.

7. Vorschlag.

Die Festsetzung des wahren Frühlingsäquinoctiums und die Aufzeichnung eines 19jährigen Zeitkreises oder eines sogenannten Mondcirkels vertragen sich nicht, weil in Zukunft die Neu- und Vollmonde von den ihnen angepriesenen Stellen gegen Ende des Monats hin sich entfernen müßten, woher dann ein neuer Irrthum käme, da ja Ostern am 13., 12., 11. Monde u. s. w. gefeiert würde. Deßhalb soll gar kein 19jähriger- oder Mondcirkel zur Verbesserung des Calenders und zur Auffindung des Ostervollmondes in denselben eingetragen werden.

8. Vorschlag.

Es soll der wahre, nicht der mittlere Vollmond bei der Feier des Osterfestes beachtet werden; es ist sogar lohnend, die ganze Osterberechnung von der wirklichen Gestirnbewegung abzuleiten.

9. Vorschlag.

Als feste Regel ist an dem nächsten Sonntage nach dem wirklichen Vollmonde, der auf das wirkliche Aequinoctium folgt, das hohe Osterfest von allen Christen zu feiern.

10. Vorschlag.

Die Kirche lasse durch einen gelehrten Astronomen eine Ostertabelle auf 1 Jahrtausend oder auf noch mehr anfertigen. Auf dieser sollen stehen links die Jahrzahlen; bei Schaltjahren soll der Buchstabe b (bissextilis) beigesetzt werden. Rechts, gerade gegenüber den Jahreszahlen, sollen stehen: Die goldene Nummer (die Zahl, die den Mondcirkel anzeigt), der Sonntagsbuchstabe, das wirkliche Aequinoctium, der wirkliche Ostervollmond und die Stelle des Osterfestes selbst, d. h. der Tag und Monat, an welchem in dem betreffenden Jahr das Osterfest wird gefeiert werden. An der Hand dieser Tabelle wird jeder Geistliche das Osterfest ohne Mühe und Bedenken verkünden können. Die andern beweglichen Feste kann man auf einer Tabelle als Anhang verzeichnet finden.

11. Vorschlag.

Die siebentägigen Unterschiede, die zuweilen wegen der Verschiedenheit der Mittagslinie bei der Osterfeier entstehen, dann nemlich, wenn der wirkliche Ostervollmond am Samstage vor jenem Sonntage eintritt, kann die Kirche in zweckmäßiger Weise so ausgleichen: Sie berechne die wirklichen Aequinoctien und Ostervollmonde nach dem Meridiane von Rom, dem Haupte aller Kirchen. Sie setze ferner fest, es sollen alle christlichen Bisthümer nach einer nach Rom berichtigten Ostertafel das Osterfest einmüthig und unabänderlich feiern. Es sollen nemlich die Völker, die das Osterfest mit der römischen Kirche feiern, kraft des Gehorsames, den sie nach Gott der römischen Kirche schulden, so angesehen werden, als wären sie an diesem Tage in Rom selbst.

„Was ich in diesem Werke geschrieben habe, habe ich (Gott sey mein Zeuge) nicht in der Absicht, jemanden zu tadeln und zu verletzen, geschrieben, sondern weil mir das christl. Gemeinwesen am Herzen liegt. So viel solle gelten, als die römische Kirche gutheißt."

Das lateranische Concil, für welches diese große Arbeit Stöfflers bestimmt war, hatte sich aber mit andern Aufgaben zu beschäftigen und war auch nur von sehr kurzer Dauer. Wiederholt beschäftigte sich mit der Calenderverbesserung das Tridentiner Concil (1545—63). Der Frater Johannes Maria Tholosanus, der an das Tridentiner Concil Vorschläge zur Calenderverbesserung machte, benützte Stöfflers Arbeit für denselben und bestreitet auch einzelne Theile. Im großen Ganzen aber gingen Stöfflers Vorschläge auf genanntem Concil durch und Gregor XIII. wurde beauftragt, den neuen Calender einzuführen, der nun der gregorianische heißt. Die Verbesserung des Calenders besteht in Weglassung von 10 Tagen (Stöfflers 4. Vorschlag) im Oktober 1582. Die Annahme und Einführung des neuen Calenders geschah aber nicht in allen Ländern gleich. Italien, Spanien und Portugal befolgten die Bulle Gregor XIII. sofort. Frankreich folgte zwei Monate später; die katholischen Theile in Deutschland, Niederlanden und der Schweiz 1583, Polen 1586, Ungarn 1587. Die evangelischen Stände Deutschlands nahmen nach langem Streite die Verbesserung erst im Jahre 1700, wo sie 11 Tage ausließen und vom 18. Februar sogleich zum 1. März übergingen. Die Russen, wie überhaupt die Bekenner der griechischen Kirche, sind bei dem alten julianischen Calender geblieben, und sind hinter den übrigen Europäern seit 1800 um 12 Tage zurück, die sich 1900 auf 13, 2100 auf 14 Tage vermehren.

Die große Arbeit Stöfflers und ihr Erfolg hatte die Auftraggeber, seine Oberen, sehr erfreut, und ganz Deutschland begrüßte sie als erfreulichen Fortschritt und nahm den größten Antheil an dem Werke. Die hervorragendsten Männer feierten Stöffler in Gedichten &c., so Johannes Brenz und Ulrich von Hutten [1]).

VIII.
Stöffler als Cosmograph.

Claudius Ptolemäus verfaßte eine Geographie, in welcher er zuerst die Lage der Orte nach den Längen- und Breitengraden bestimmte und außerdem den geometrischen Grund zur Verfertigung der Landkarten legte. Diese Geographie beherrschte das ganze Mittelalter, und auch Stöffler las 2 Jahre über dieselbe. In diesen seinen Vorlesungen aber hatte Stöffler ein sehr selbstständiges Urtheil und griff Ptolemäus, namentlich was die Lage der Orte betrifft, aufs entschiedenste an. In seinem Calender sagt Stöffler im XIX. Capitel: „Das Buch Ptolemäi, von der Beschreibung des ingewohneten Erdreichs, oft durch die wirkliche und wunderbarliche Kunstdruckerei [2]), gedruckt und aus-

---

1) S. Beilage 4.
2) Stöffler hat hier sicher die Ausgaben des Ptolemäus im Auge, welche in Ulm erschienen. Wir kennen zwei solcher Ausgaben, welche zu den größten Seltenheiten der Buchdruckerkunst zählen:
a) Ptolemaei Cosmographia cum 32 tabulis geographicis. Impressum Ulm per ingeniosum virum Leonhardum Hol, praefati oppidi civis. 1482. Größtes Folioformat. 1508 schenkte Kaiser

gegangen, erfinden wir an vielen Orten gebrechhaftig und ungerecht, nicht allein in der Städte Länge, sondern auch Breite, und fürnehmlich in Europa, darinnen wir wohnhaftig sind. Nimm auch für mich, daß wir als neuer Erdreichbeschreiber die Länge der Städte also stimmeln und abkürzen, daß zuletzt nichts übrig bleiben wird, und dadurch (kurz davon geredt) das Werk des Fürsten der Mathematik Ptolemäi vermakelt und besleckt wird. Ich werde gezwungen zu Zeiten meiner und anderer Lehre, daß wir uns fürnehmen, keine Ursach für eine Ursach, daß wir gebürstigen so frevelich die Länge der Städte, so in den griechischen Büchern Ptolemäi recht geschrieben sind, unterstanden zu rechtfertigen, corrigiren, und zu mindern, werde billiger genannt Zerstörer denn Corrigirer. Solches möchte in ganz vielen Exempeln angezeigt werden, aus denen merk etliche: Argentoratum, eine Stadt am Rhein, jetzund Straßburg genannt; hat nach Anzeigen Ptolemäi gar 28 Grad in der Länge, der geben wir neuer Erdreichbeschreiber 24 Grad. Colonia Agrippina, jetzund Cöln; eine hochberühmte erzbischöffliche Stadt, die Ptolemäi nennt Agrippinensem und gibt ihr in der Länge 28 Grad, die mindern wir bis auf 23 Grad ꝛc. — Wir setzen keinen Zweifel, viele werden seyn, die unsere Tafel der Königreiche ꝛc. werden strafen, urtheilen und widersprechen. So sie das thun, uns zu einer Unterweisung, so nehmen wir das mit dankbarem Gemüthte, weil wir nicht alle Dinge vermögen. Doch so bitten wir sie eines, daß in dieser Strafe ihre Strengigkeit nicht zu scharf seye, ihre Ungunst nicht unmäßig hart, ihre Mildigkeit mehr denn billig ist und unsrer schone. Wir haben keinen Schild und Behelf, den wir diesen unsern Richtern fürwerfen, so ist uns auch keine Freyung in dem Tempel Apollinis."

Diese Festigkeit und Selbstständigkeit dem bis dorthin unangefochtenen Geographen Ptolemäus gegenüber, ist für Stöffler auszeichnend und wir könnten wohl noch Weiteres anführen, wenn wir seine geographischen Schriften besitzen würden. Daß Stöffler Erdglobus verfertigte, müssen wir annehmen, da wir ihn im nächsten Abschnitt als großen mechanischen Künstler lernen werden.

Am meisten ist bedauerlich, daß wir den Inhalt seiner Schrift: de duplici projectione in planum, sive quomodo quam commodissime chartae cosmographicae, quos mappas mundi appellant, possint designari, nicht näher mittheilen können. — Mit Martin Behaim, welcher 1492 einen Erdglobus verfertigte, schließt man in der Regel die zweite Periode in der Entwicklung des Landkartenzeichnens ab und beginnt die 3. mit Sebastian Münster 1550. Nun ist Münster Stöfflers Schüler und wird beschuldigt, seinen Lehrer und Freund abgeschrieben und die abgeschriebenen Werke als die seinigen herausgegeben zu haben. Sebastian Münster ist 1489 in Ingelheim geboren und kam 1515 in das Franziskanerkloster (jetzt kath.-theologisches Convict) in Tübingen. Als solcher war er Zuhörer von Stöffler und erwarb sich seine Freundschaft, schrieb seine Vorträge nach, und dessen Manuskripte ab. 1529 kam Münster nach Basel und wurde, nachdem er zur Refor-

---

Maximilian ein Exemplar dem Kloster Ochsenhausen. Ein schwedischer Soldat entwendete es, und es kam in den Besitz des alten Marchthalers in Ulm. b) Claudii Ptolemaei Cosmographia, impressum Ulme, opera et expensis Justi de Albano de Venetiis per provisorem suum Joh. Reger 1486. Dieses höchst seltene Werk besitzt die Stadtbibliothek Lindau, und es stand dem Verfasser bei Abfassung dieser Schrift zur Verfügung. Der Benediktiner Nicolaus Donis in Reichenbach entwarf die 32 Karten, und Johannes Schnitzer von Arnsheim stach sie in Holz. Sie sind die ersten gedruckten Karten. Die Stadtbibliothek in Ulm hat ein Exemplar, das auf Pergament gedruckt ist. Zapf, älteste Buchdruckergeschichte Schwabens, Ulm 1791, 83, 95.

mation übergetreten, Professor daselbst und starb 1552 an der Pest. In Basel lehrte er hebräisch und gab 1550 seine Cosmographie heraus. 1534 ging das Sapienzhaus in Tübingen in Brand auf und mit ihm alle Apparate und Manuskripte von Stöffler. Copien der letzteren besaß nur Münster, und er soll den oben angegebenen Mißbrauch mit ihnen gemacht haben. Bestimmte Thatsache ist, daß Münster in seiner Cosmographie Stöfflers, seines Lehrers, nur bei Tübingen[1]) in möglichster Kürze erwähnt, sonst aber nie von ihm als einer geographischen Autorität, welche er nach dem Zeugniß seiner Zeitgenossen war, spricht. Die münstersche Cosmographie enthält zur Einleitung 26 Karten, und diese Karten sind es vorzüglich, warum man mit Münster eine neue Epoche der Kartenzeichnung beginnt. Diese Karten sind aber größtentheils wohl von dem zeichnungsgewandten Stöffler projectirt und ausgeführt. Und dennoch spricht Münster kein Wort von ihm, auch hat noch keine andere Untersuchung dargethan, daß diese Karten dem Einfluß oder der direkten Zeichnung Stöfflers zuzuschreiben sind. Diesen Streit wollen wir unentschieden lassen, wir nehmen uns nur das Recht, Stöffler als denjenigen zu bezeichnen, der zuerst über Kartenzeichnungen geschrieben hat, und der deßhalb viel richtiger als Münster die 3. Periode der Chartographie eröffnet.

Eine eigentliche geographische Abhandlung findet sich in Stöfflers Calender im XIX. Capitel, von welchem schon ein Auszug gegeben ist. In diesem Capitel sagt Stöffler: „Darum so ist unsere fürnehmste Ursach in der Beschreibung der Tafel der Königreiche ꝛc., den allerdurchlauchtigsten und allerunüberwindlichsten Herrn Herrn Maximilian römischen Kaiser ꝛc., ein Herr der Welt, zu ermahnen, daß er Europam mit ihren Königreichen, Fürstenthümern, Herrschaften, Inseln, Städten, Flüssen, Wassern, Seen, Bergen, Gebirgen und andern fürnehmen Dingen, durch die hochgelehrten Mathematicos, mit denen seine kaiserliche Majestät umgeben ist, von neuem verschaffe zu beschreiben mit Vorbildung rechter und bequemlicher Karten oder Mappen."

„Die Tafel der Königreiche, Fürsten- und Herzogthümer, Landschaften, Marken, Graffschaften, Provinzen, Inseln, beinahe Inseln (Halbinseln) und herrlichen oder mehr bekannten Städten, so gar noch in der ganzen Europa begriffen sind," ist wohl erstmals in einen Calender gebracht, und Stöffler hat viele Nachahmer seit seiner Zeit bis auf den heutigen Tag gefunden. Die Tafel hat 6 zweispaltige Blätter, bei welchen der Titel roth gedruckt ist. Unten am Blatte sind Holzschnitte von Städten. Die Tafel beginnt mit Irland und schließt mit Corsica. Bei jeder Stadt ist der Grad, die Minute und Stunde der Lage angegeben. — Einzelne Titel und Städte sind bezeichnend für Stöffler; und es folgen einige Beispiele. „Städte im Fürstenthum Wirttemberg, dem niedern Schwaben zugehörig: Tüwingen eine blühende Hochschul; Stuttgart ein Sitz des Fürsten; Eßlingen eine Reichsstadt; Ulm eine Blume in Schwaben, eine Reichsstadt. Costenz am Bodensee, eine Reichsstadt und bischöflicher Sitz. Reichenau eine Insel, allda ein Kloster St. Benedicten Ordens. Lindau, Reichsstadt; gehört den Rhätiern zu. München ein fürstlicher Stuhl." Da wo Stöffler von Lithauen spricht, steht in großer rother Inschrift zu lesen: „Die habe ich nicht ohne Ursachen ausgelassen viel Königreich, Herzogthum und Graffschaften ꝛc. mit ihren Städten, so liegen in Europa

---

1) Die Stelle lautet: „Die hohe Schul hat viel gelehrte Männer erzogen, unter welchen Joh. Stöffler, ein hochgelehrter Astronomus, der Stadt zu seiner Zeit nicht eine kleine Zierd ist gewesen. Dieser schied aus dem Leben den 16. Februar 1531, seines Alters im 80."

gegen den Sonnenaufgang, als Klein und Groß Walachey, Rätzen, Tartarey, Türkey, Griechen ꝛc. Fürnemlich darum, daß ich nicht geachtet werd, als der so den Feinden Christi und seinem rechten Glauben etwas Fürstand wolle beweisen."

Die Ansichten über die Gestalt des Himmels und der Erde waren zu Stöfflers Zeiten andere als jetzt. Wenn Münster in seiner Cosmographie Stöffler copirt hat, so wären des letzteren Ansichten folgende: [1]

„Es hat aber das Meer seinen bestimmten Ort also eingenommen, daß es mit sammt dem Erdboden eine runde, von Erde und Wasser zusammengesetzte Kugel macht, welche auf keiner Materie steht oder aufgehalten wird, sondern schwebet innwendig der himmlischen, großen Kugel in der Luft aller Dinge, als ob ein Vogel in der Luft still hielte und sich nicht bewegte, oder gleich wie es mit der eisernen Lade des verfluchten türkischen Abgottes Muhamet eine Gestalt habe, welche, wie man sagt, in seinem Tempel zwischen der Bühne und dem Boden in der Luft schwebt und immer an einem Orte hängen bleibt, wegen der Kraft beider Magnete, so unter und über dem Kasten und das Eisen nach ihrer Natur zu beiden Seiten gegen sich ziehen. — Das ist also eine große runde Kugel, wie du dann augenscheinlich siehst, daß Gott die Himmel und die Elemente alle in runder Form und Weise geschaffen hat. Denn die Himmel und die 3 obern Elemente sind innwendig hohl, und steckt ein Himmel in dem andern und ein Element wird verfaßt in das andere. Aber das Erdreich ist innwendig nicht hohl, sondern es ist eine runde Kugel, allenthalben mit Erdreich angefüllet."

IX.
Stöffler als Mechaniker.

In der Geschichte der Mechanik finden wir, daß schon der alexandrinische Mathematiker Ktesibios, Anthemios und die beiden Heron sich Verdienste um diese Kunst erworben und in die Fußstapfen von Archimedes getreten sind. Die Verfertigung von Erd- und Himmelsglobus soll noch älter seyn, denn schon Anazimander soll 580 v. Ch. sie erfunden haben. Archimedes und Krates, sowie Ptolemäus sollen Globen besessen haben. Die ältesten Globus, welche die Jetztwelt im Museum des Cardinals Borgia zu Velletri und in dem mathematischen Salon zu Dresden besitzt, sind arabischen Ursprungs und werden in die Zeit von 1225 gesetzt. Martin Behaim, der große Cosmograph, kehrte von seinen Reisen 1490 nach Nürnberg zurück, wo er von 1491—93 verweilte und zum Andenken an diesen Besuch einen Globus verfertigte, welcher noch jetzt im Besitze seiner Familie sich befindet und als ein werthvolles Denkmal der geographischen Kenntniß seiner Zeit, sowie für die Geschichte der Entdeckungen von äußerst großem Werth ist.

---

[1] Münster, Cosmographie, deutsche Ausgabe, Basel 1628. 2, 30.

Regiomontanus wendete großen Fleiß auf die Verfertigung von Globus an, und nach ihm wird Apianus und Mercator genannt. Von Regiomontanus († 1476) hat sich kein Globus erhalten, dagegen haben wir einen solchen, der gleich alt ist wie der behaimische, und die Jahreszahl 1493 trägt. Dieser Globus ist der von Stöffler, welchen die Bibliothek des Lyceums in Constanz besitzt. Während der von Behaim ein Erdglobus ist, stellt derjenige von Stöffler einen Himmelsglobus dar, d. h. einen Globus, der die wichtigsten Sternbilder ɾc. wiedergibt; daß aber Stöffler auch einen Erdglobus, der die bedeutendsten Länder und Orte angibt, verfertigte, geht aus dem Titel seiner Schrift hervor: de artificiosa globi terrestris compositione.

Wie Stöffler mindestens drei solcher Himmelsglobus anfertigte, erfahren wir in seinen Briefen an Reuchlin[1]). Im Jahre 1502 war Reuchlin, während die Pest in Stuttgart wüthete, zu seinem Freunde, dem Probste Peter Wolf nach Denkendorf (O. A. Eßlingen) gegangen, und wurde dort von letzterem und seinen Conventualen aufs ehrenvollste behandelt. Stöffler schreibt ihm von Justingen aus dorthin: Er freue sich, daß er von Peter den von ihm verfertigten Globus erhalten habe, worauf man die wahre Bewegung der Sonne und des Mondes, nebst den Veränderungen des letzteren ersehen könne. Er zweifle aber sehr, ob er aus den Händen des Probstes wieder so unverletzt und rein gekommen seyn möchte, als aus den seinigen. Gerne wäre er zu Reuchlin hinabgeritten, um ihn wieder zu richten, aber das leidige Zipperlein verbiete ihm eine Reise zu Pferd[2]).

Einen gleichen Globus hatte Stöffler dem Bischofe von Dalberg in Worms angefertigt und ihm denselben selbst nach Ladenburg hinabgebracht. Derselbe war mit goldenen Sternen (insertis stellis aureis) versehen. Welche weitere Beschaffenheit diese beiden Globus hatten, kann nicht näher angegeben werden, da sie beide nicht näher beschrieben und auch nicht mehr vorhanden sind.

Ein glücklicheres Schicksal hat aber den Globus cœlestis getroffen, welchen Stöffler dem Weihbischof Daniel in Constanz anfertigte und welcher noch vorhanden ist. Auf dem Ringe des Globus (Armilla) ist das Wappen von Daniel, und die undeutlich gewordene Inschrift nennt den Besitzer, für welchen Stöffler ihn gefertigt hat.

Den Almanach hatte er Daniel auch gewidmet; dessen ganzer Name und Titel ist: Frater Daniel Zehender, aus Zürich oder Brugg gebürtig, Mitglied des Ordens der mindern Brüder. Sixtus IV. ernannte ihn am 3. Dcbr. 1473 zum Episcopus Bellinensis i. p. und Suffragan des Bischofs von Constanz. Als solcher weihte er 1485 die Kirche in Weingarten und 1491 das neue Krankenhaus in Zwiefalten. 1493 benedicirte er den neuen Abt in Bebenhausen, Johann von Friedingen, in Anwesenheit Herzog Eberhards im Bart und der Aebte von Hirschau und Herrenalb. Nachher firmte er den Grafen Heinrich von Würtemberg, welcher dabei seinen Namen in Ulrich verwandelte und mit diesem Namen Herzog in Würtemberg wurde[3]). — Weihbischof Daniel war Vorgesetzter und Freund von Stöffler.

Der Globus selbst, den Lehmann in den „Unterhaltungen im Gebiete der Astro-

---

1) S. Beilage 2 und 3.
2) Cleß, Culturgeschichte von Württemberg, III, 822.
3) Freiburger Diöcesan-Archiv VII, 225, und Heyd, Herzog Ulrich I, 88.

nomie, Halle 1857, elfter Jahrgang," schildert, hat nach letzterer Schilderung folgende Beschaffenheit:

„Die Kugel ist getragen von einem 2',4 (badisches Maas) hohen Gestelle, welches von vier 0',15 dicken und 0',25 breiten Füssen gebildet ist, die durch starke diagonale Querbalken mit einander verbunden sind. Das ganze Gestell besteht aus Holz, welches einen Marmoranstrich hat; die einzelnen Stücke sind durch starke Schrauben an einander befestiget. Ein unterer Querbalken trägt auf der einen Seite die folgende Inschrift:

Nat. homo est quem divino semine fecit ille opifex rerum mundi melioris origo, pronaquo quom spectent animalia cetera terram; os homini sublime dedit celumque videre jussit et erectos ad sidera tollere vlt.

Die entgegengesetzte Seite desselben Querbalkens führt die Inschrift:

Sphaeram hanc solidam Johannes Stöffler justingensis anno Christi maximi 1493 faelicissimo sidere fabre fecit.

Neben dieser Inschrift ist noch ein Wappenschild, welcher einen schwarzen Löwen mit vielgetheiltem Schweife (s. oben S. 11) in weißem Felde trägt.

Die Horizontalarmilla des Globus, welche 0',4 breit und 0',14 dick ist, scheint aus mehreren Stücken zusammengesetzt zu seyn, denn sie trägt 26 größere und 31 kleinere Schrauben. Die obere Fläche dieser Armilla, deren größter Durchmesser 2',5 beträgt, ist in 9 concentrische Ringe getheilt. Der innerste Ring trägt eine Gradeintheilung und zwar von Grad zu Grad abwechselnd in weißer und rother Farbe und in weißer und grüner. Der zweite Ring trägt eine Gradeintheilung von 5° zu 5°. Die folgenden Ringe führen der Reihe nach die Sternbilder des Thierkreises und ihre Gradtheilung, sowie die Nummern derselben, die Namen der Feste und Heiligen, die Sonntagsbuchstaben und die Namen der Monate und Winde. Die Winde sind dargestellt durch Genien, welche schön durchgeführt und noch gut erhalten sind.

Die Kugel selbst hat einen Durchmesser von 1',67, und ihre Axe ruht in einem 0',03 dicken und 0',13 hohen eisernen Meridiankreise; sie läßt sich leicht durch eine niedliche Kurbel bewegen.

In dunkelm Grunde prangen die Sternbilder; ein kurzer Ueberblick über dieselben zeigt schon, daß die meisten derselben ihre antiken Formen abgelegt haben und dafür Formen und Gewänder tragen, welche eben dem Jahrhunderte eigen waren, dem der Globus seine Entstehung verdankt.

So hat beispielsweise Orion eine ritterliche Rüstung angelegt; Auriga, Serpentarius und Bootes haben rothe, blaue und gelbe Jacken erhalten; Andromeda und Cassiopeja erscheinen ziemlich unanständig, während die züchtige Virgo selbst die äußerste Fußspitze unter das faltenreiche Gewand zurückgezogen hat; in der einen Hand führt sie die Aehre, in der andern das Scepter und ein flatterndes Band mit dem verhängnißvollen Satze:

Justitia terras reliquit, quia victa jacet pietas.

Nur der Sagittarius und Centaurus haben mit wenigen Anderen ihre mythologischen Formen behalten; Andere dagegen noch Zugaben erhalten wie der vielgewundene Draco die paradiesischen Aepfel.

Im Ganzen sind 48 Sternbilder auf dem Globus dargestellt, nämlich die sogenannten ptolemäischen Figuren, deren Namen fast durchgängig mit den jetzt noch gebrauchten übereinstimmen. Nicht selten hat dasselbe Sternbild zwei Namen, so z. B.

Erydanus und Nilus, Arctophylax und Bootes, Hercules und Genuflexus, Auriga und Agitator, Centaurus und Chyron, Cetus Magnus und Pistrix, Olor und Gallina. An der Stelle der Leyer steht noch der Vultur cadens.

Die Sterne erster Größe haben besondere Namen, selbst auch einige zweiter Größe; fast durchgängig sind diese Namen arabischen Ursprunges, z. B. a und b Ursae majoris: Dubbe und Alioth; a Bootes: Azimech und Arramech; a Herculis: Ras el heti; a Geminorum: Ras el geuze.

Alle Bilder zusammengenommen haben über 1000 Sterne von erster bis sechster Größe; die Sterne sind bezeichnet durch Stifte mit sechsstrahligen goldenen und silbernen Köpfen; durch die verschiedenen Dimensionen dieser Köpfe sind die Sterne nach ihrer Größe unterschieden. Die goldenen Köpfe der Sterne erster Größe fehlen; diejenigen, welche die Sterne zweiter Größe repräsentiren, haben einen Durchmesser von 0,024; die der dritten Größe 0,018 und die der vierten 0,012; nur von diesen letzteren sind noch silberne zu unterscheiden."

Wer den Globus von S t ö f f l e r nach Weihbischof Daniels Tod erhielt, kann nicht gesagt werden. Im Jahre 1825 befand er sich in dem Capitelsaal, der sich neben dem Dom in Constanz über dem Kreuzgang befindet. In diesem Saale haben zu Anfang des 17. Jahrhunderts die Jesuiten Vorlesungen in der Domschule gehalten, bey deren Unterricht der Globus benützt worden seyn mag. Die früheren Lehrbücher sammt Globus kamen sodann an die Lyceumsbibliothek, wo er heute noch aufgestellt ist. —

Außer Globus verfertigte S t ö f f l e r auch Thurmuhren. In seinen astronomischen Schriften beschäftigte sich S t ö f f l e r mit der Herstellung der ältesten Art von Uhren, den Sonnenuhren. Dieselben wurden in den ersten Zeiten zu astronomischen Beobachtungen und Berechnungen häufig angewendet. Wir haben aber gesehen, daß Abt Wilhelm von Hirschau als Erfinder der Räderuhren angesehen wird. Im 12. Jahrhundert fing man in den Klöstern an, Schlaguhren mit Räderwerk zu gebrauchen. Gegen Ende des 15. Jahrhunderts waren die Uhren in Europa ziemlich verbreitet. Die Anfertigung derselben besorgten aber meistens Mathematiker und Astronomen.

Von S t ö f f l e r kennen wir zwei solcher Uhrwerke, die er in Justingen ausgeführt hat. Zur Großuhrenmacherei gehört aber eine Werkstätte, wie sie in gewöhnlichen Pfarrhäusern nicht leicht eingerichtet werden kann. S t ö f f l e r spricht von einer Officin, die er in Justingen gehabt habe. In dieser Officin sind also die Globus und die Thurmuhren verfertigt worden.

Außer dem Weihbischof Daniel hatte S t ö f f l e r in Constanz als Mitglied des Domcapitels auch noch einen nahen Verwandten, Georg Bergenhans, einen Neffen des tübinger Canzlers. Er war nach dem Tode des Oheims Besitzer von dessen Universalchronik und ließ sie auch drucken. Dieser Georg Bergenhans war zuerst Domherr, 1528 Decan des Domcapitels. Zur Zeit, in welcher Daniel Weihbischof und G. Bergenhans Domherr in Constanz waren, verfertigte S t ö f f l e r, wohl auf Anrathen Daniels und Bergenhansens, für den Dom daselbst 1496 eine Thurmuhr. Die urkundliche Nachlese zur Geschichte des Domes in Constanz (Denkmale deutscher Baukunst, Freiburg 1825, Heft I) gibt nachfolgende Aufschlüsse über die Uhr: Ex parte salarii Magistri Johannes Justinger propter horologium per cum confectum; am 28. Septb. 1496 conclusum est, daß man demselben Maister Hansen XV Gulbin solle geben pro singulis — — — et expensis suis. — Am 7. Dezember

1515 Beschluß: Weil viele Domherren und Priester in der Niederburg wohnen, so soll man die Uhr im alten Thurm, wo sie bisher gewesen, richten, bis man etwas Näheres über eine Uhr im neuen Thurm beschlossen habe[1]). Am 28. Dezember 1515 Beschluß: Das Capitel verhandelte mit dem Priester von Stuttgart[2]) wegen einer neuen Uhr. Er gab ihm ein Kostenverzeichniß ein, welches bei größerer Zahl der anwesenden Domherren berathen und zugleich noch in Straßburg und an andern Orten nachgefragt werden soll. Dem Priester wurden vier Gulbin zur Ehrung gegeben. — Am 20. November 1517 Beschluß: Die Fabrikpfleger zusammt etlichen Domherren sollen einige Magister und den Maister von Lindau zu ihnen nehmen, und die vom Herrn Johannes Magister Horologii gemachte[3]) Uhr besichtigen und den letzteren mit einigen Gulden hinscheiden lassen[4]).

Die Uhr auf dem Dome in Constanz existirt noch heute und hat fast 4 Jahrhunderte lang über Constanz und den Bodensee seinen Stundenschlag ertönen lassen[5]).

Die zweite von S t ö f f l e r angefertigte Uhr ist die auf dem Rathhause in Tübingen.

Zeller sagt in seiner Beschreibung der Stadt und Universität Tübingen (Tübingen 1743) p. 110: „Das schöne Uhrwerk, welches auf dem Markte die Stunden anzeiget. Es ist dieses ein rares Werk, dessen Meister und Urheber unbekannt ist, sintemalen es zwei Tafeln mit einem dreifachen Zeiger hat, auf deren unterem die Stunden gezeiget werden, auf der oberen aber die XII himmlische Zeichen angemahlet sind, und ob selbiger zeiget sich des Mondes ab- und zunehmen, daß es also eine Sonnen- und Mondes-Uhrtafel ist, dessen Kunst ferner darin bestehet, daß dieses Uhrwerk zugleich innerhalb dem Rathhause durch allerhand eiserne künstlich gezogene Stangen in unterschiedlichen Böden und entfernten Stuben Uhrtafeln treibet, daß die Zeiger die Stunden richtig anzeigen, ja über dieses annoch an der äußern Uhrtafel gegen den Haag den Zeiger beweget und die Stunden anzeiget. Crusius meldet von diesem Uhrwerk, daß es anno 1511 wäre gemacht worden, dahin denn auch die Aufhängung der Glocken zu ziehen wäre."

Es ist oben gesagt worden, daß sich S t ö f f l e r im Jahre 1510 längere Zeit in Tübingen aufgehalten und 1511 ganz nach Tübingen übergesiedelt sey. In diesen beiden Jahren ist die Rathhaus-Uhr in Tübingen aufgestellt worden, und wer anders als S t ö f f l e r konnte zu seiner Zeit eine solche astronomische Uhr verfertigen und aufstellen? Dieses kann mit Bestimmtheit angenommen werden, zumal auch Kepler[6]) von einer Uhr Stöfflers in Tübingen bestimmt spricht, welcher sie aber in das Universitätshaus[7]), statt auf das Rathhaus verlegt. Wer die alten Universitätsge-

---

1) 1511 war der Domthurm abgebrannt und deßhalb ein neuer gebaut. Das Einsetzen einer Uhr in diesen Thurm kam nicht zu Stande.
2) Soll wohl heißen von Tübingen.
3) Richtiger aber „reparirte".
4) Diese Nachlese aus den Protocollen des Domcapitels verdankt der Verfasser dem Herrn Stadtarchivar Dr. Marmor in Constanz.
5) In neuester Zeit soll die Uhr entfernt worden seyn.
6) Kepler bei Frisch, I, 83. Kepler sagt: „des Herrn Praeceptoris (Mästlin) Praeclecessor Stöflerus."
7) Das alte Universitätshaus neben der St. Georgenkirche hat sein Aeußeres dem vorigen Jahrhundert zu danken. Crusius erwähnt nicht, daß am Universitätsgebäude eine Uhr angebracht gewesen. Böck sagt: „Die Universitätsgebäude sind alt und haben kein äußeres Ansehen."

bäude zu Keplers Zeit sich vorstellen mag, wird nicht glauben, daß eine astronomische Uhr, „darin," wie Kepler sagt, „des Himmels Lauf aufs gewisseste zu sehen gewest," auf einem derselben konnte angebracht werden. Das Rathhaus dagegen liegt auf einem offenen Platz, und war der Sitz der höchsten Justizbehörde, des Hofgerichtes in Altwürtemberg. Auch war in unmittelbarer Nähe der Uhr die Rathhauskanzel, auf welcher die Herzoge von Würtemberg die Huldigung der Stadt Tübingen in Person einnahmen.

Bis zum Jahre 1849 war die Uhr im untern Rathhausstock in einer Kammer neben der sogenannten Lederbühne angebracht. Beim Umbau dieses Stockwerkes zum Schwurgerichtssaal (1849) wurde sie in den Dachstock des mittleren Rathhausthurmes ohne sonstige wesentliche Aenderung verbracht, dort aufgestellt und eingerichtet. Sonstige Aenderungen an ihr sind nicht vorgenommen worden.

Die Uhrtafeln wurden 1849 ganz im bisherigen Style und mit den alten Zeichnungen erneuert[1]). Jetzt ist das Rathhaus vollständig restaurirt und die Uhr krönt das schöne und alte Gebäude mit seiner Uhrtafel. — Hätte die Restauration sich auch des alten Stöfflers, des Verfertigers der Uhr, erinnern mögen, und auch sein Bildniß an dem Aeußeren des Rathhauses anbringen mögen; denn schon 366 Jahre prangt diese Uhr an dieser ihrer Stelle und eine reiche Geschichte ist an ihr vorübergezogen, während sie selbst bis auf unsere Tage ihren ruhigen Gang gegangen und Jahrhunderte lang die Stunden und Minuten der Stadt Tübingen angezeigt hat[2]).

Man hat Stöffler den Archimedes seiner Zeit genannt, weil er in der Anfertigung astronomischer und physicalischer Werke und Apparate das Außerordentlichste leistete. Zeller sagt von ihm, daß er wie König Kosroes in Persien Instrumente besessen und angefertigt habe, welche des Himmels Wirkung nachgeartet, die Gestirne herumgetrieben, wie ein Regen Tropfen fallen lassen, geblitzet und gedonnert habe. Auch soll man bei Stöffler einen Regenbogen haben entstehen sehen können[3]).

Klüpfel sagt: die ersten Anfänge des physicalischen Cabinets in Tübingen sollen sich noch von Stöffler herschreiben. Möglich ist es, daß Stöffler ein solches Cabinet für sich angelegt hat; im jetzigen sind aber keine Apparate nachweisbar von ihm vorhanden[4]).

Nach Stöfflers Tod wurden seine Schriften, Manuscripte und Kunstwerke gesammelt und in dem Sapienzhause verwahrt. In diesem Hause (neben der St. Georgenkirche) waren auch die alten Urkunden der Universität in einem Archive, sowie die Bibliothek in Gewahrsam gebracht. Im Januar 1534, also 3 Jahre nach Stöfflers Tod, brannte dieses Sapienzhaus nieder, und mit ihm Archiv, Bibliothek, sowie die stöfflerischen Manuscripte und Kunstwerke.

---

[1] Nach schriftlicher Mittheilung des † Stadtschultheißen Rapp in Tübingen, 8. August 1871.
[2] Die Uhr im Kloster Blaubeuren konnte auch von Stöffler angefertigt worden seyn. Hierüber liegen aber keinerlei Andeutungen vor.
[3] Zeller a. a. Orte 486.
[4] Nach gefälligen Mittheilungen des Vorstandes des physicalischen Cabinetes Herrn Professors Dr. v. Reusch.

Beilagen.

1.

Sattler, Geschichte des Herzogthums Würtenberg unter den Herzogen. I. Theil, Tüb. 1796. Beilagen pag. 118, Nro. 51.

Verschreibung Herzog Ulrichs von Würtenberg gegen Hanß Stöfflern,
Mathematico zu Tübingen, wegen 90 fl., welche sich dieser auf der Pfarr
zu Justingen vorbehalten. d. d. Montag nach Misericord. 1511.

Wir Ulrich von gottes gnaden Hertzog zu Wirttemberg und zu Tegl, Grafe zu Mumppelgart ꝛc. Bekennen mit disem brieue für uns und unser erben und nachkommen, Nachdem der Ersam Wolgelert unser lieber getrüwer Maister Hanns Stöffler von Justingen die Kirchen daselbs innegehebt und ruwiglich als ain kirchherr vil Jar besessen hat, und aber als ain bedachter man Lust zu lerend und zu Lernend begirig und andern redlichen Ursachen, ouch siner notturfft nach gedacht Kirchen unserm Rat, lieben getrüwen Hannsen Casparn von Bubenhofen Rittern und LandVogt zu Mumppellgart, als diser zyt dem CastVogt, Lehen- und rechten Herrn zu Justingen mit vorbehaltung ainer Reservat Nemlich nüntzig guldin järlicher lybbing zugestellt und übergeben hat uff der Kirchen zu Justingen reseruiert und vorbehalten ꝛc. Lutt der zustellung, Da mitt dann umb mer sicherhait willen gedachter maister Hanus ußrichtung der Nüntzig guldin sicher sin müg, So haben Wir uff bitt Hannsen Caspars, als bürg und selbschuldner uff sin schabloßbrieff und den gültbrieff, so er von Schenk Cristoffeln semper freyen von Limpurg umb fünfftzig guldin järlicher gült so er uff Im und hinder uns zu rechtem underpfand gelegt hat, die schuld uff unns genommen und die Nüntzg guldin die an gutem vorgenantem gold diß landswerung uff zwen zyl zu bezalend, das erst uff pfingsten mit namen viertzg guldin die Wir Im bezalen söllen von den achthundert guldin houptguts und viertzig guldin gült so gedachter Hannß Caspar und sine erben uff unns und unser fürstenthumb verschriben haben zu bezalen, die wir dann die zyt und gemelter Maister Hannß in Leben oder nach sinem Tod sinen erben oder wem er die verschaffen wirt nach anzal und maister Hanns die erlebt hat und nit lenger bezolen und ußrichten söllen und wöllen lassen uff ain ieden pfingstag, als achtag darnach ungeuarlich by unser Cantzly hie zu Stugartten von und in namen Hans caspars gegen vorgemelter järlichen gült und nach dem bedachtem Maister Hansen noch Fünfftzig guldin järlicher gült uff der hailigen dryer künig tag bezalt söllend werden, alles lut der bericht so der Wirdig Hochgelert unser lieber getrüwer, rat diener und Cantzler Doctor Gregorius Lamparter usser unserm beuelch gemacht hat zu Tůwingen, da mit die summa der nünßig gulbin erstattet werden, Wa dann uff derselbigen hailiger bryer kůnig tag ungevarlich acht tag darnach von wegen der Kirchen zu Justingen oder Hannß caspar̄n und sinen erben nit ußrichtung beschicht, So söllen und wöllen Wir die fünffzig gulbin darnach in acht tagen by unser Cantzly lassen bezalen als selbsschuldner und bürg Hannsen caspars gemeltem Maister Hansen oder sinen erben oder wem er das verschafft Jnmassen der vierzog gulbin obgeschrieben stet Und diser verschribung zu leben und nachzukommen gereden und versprechen Wir Hertzog Ulrich für uns und unser erben und nachkommen by Unsern fürstlichen Worten und Wirben on all hinderung, gegenwer oder behelff, schutz oder schirms, und deß zu urkund geben Wir bestimptem maister Hansen von Justingen disen brief mit unserm anhangenden Jnsigel versigelt zu Stutgarten uff Montag nach Misericordia Domini, Als man von der geburt Cristi unsers lieben Herrn zalt fünffzehen hundert und ailff Jare.

2.
Clarorum virorum epistolae ad Joannem Reuchlinum. Tubingæ per Thomam Anshelmum Badensem 1514.

Joannes Stoffeler Justingensis
Joanni Reuchlin Phorcensi.

S. D. P. Ex litteris tuis accepi instrumentum verorum motuum solis et lunae ac passionum eorundem a D. praeposito in Denkendorph tibi donatum. Gaudeo vehementer, utinam eandem servaret integritatem et splendorem qui habuit dum ex officina mea ad eundem abiit; pro ejus regimine nulli mihi sunt canones, semel enim rite verificatum sola mutatione aut provolutione singula juste patent. Constitueram apud me pro his et aliis absolvendis ad te aditurum, quod in hodiernum usque diem distuli. Vexor quotidiano morbo sinistri cruris nescio spasmotico an alio adeo vehementer ut equo insidere penitus ab horream. Spero tum redivivum tempus vernum vires mihi et sanitatem restituturum. Characteres planetarum libenter sculpam, sed quo pacto reti tenui sine lesione insigni possint non intelligo. Singula non absolvemus vita comite viribusque reassumptis in hebraeo sermone quo abunde doctus es si sint hae dictiones bobel et bovel earundem peto cum praesenti gerulo interpretationem. Vale feliciter. Ex Justingen octavo die Aprilis. Anno M D II.

3.
Joannes Stoffler Justingensis
Joa. Reuchlin L. L. doctori.

S. D. P. Figuras coelestes ortus et conceptionis tuae, item anni praesentis et futuri revolutione, ad te mitto, vir spectatissime, eas quum iter ad episcopum

hodiernum Vormatiensem habui abstulissem, sed te domi minime offendi, in ingressu
a Ladenburgo per aliam viam reversus sum ad aedes meas. Habes ut spero coelestes
figuras perfectas a me summa diligentia examinatas, ex quibus facile de pluribus tibi
accidentibus judicabis. Vale iterumque vale. Ex Justingen VIII Jd. Maias. Anno 1504.

4.

Ulrichus de Hutten
Eques germanus ad Lectorem.

Ingenium mirare novum, mirare laborem
    Egregium, et rarum suscipe Lector opus.
Singula ad impensum ducuntur tempora sydus
    Et norunt stellas hora diesque suos.
Rarum opus, ut rerum liceat praenoscere fines.
    Quaeque opera, ad quem sint incipienda diem.
Hic etenim certis deprendimus omnia signis,
    Ut data sunt. Aetas nesciit illa prior
Mitte graves animo curas, et mitte timorem,
    Quisquis opus facies incipiesve novum.
Nil adei fortuna potest sequitur sua casus
    Sydera. Mortales praevia fata regunt.
Nemo igitur rebus velit infeliciter actis
    In culpa superos esse putaro deos,
Certe hominum nemo, nisi qui non previdet, errat
    Quando adea in medium se dedit icte liber.

5.

Bretschneider, Op. Philippi Melanchthonis Vol. I, p. 16.

Egregia virtute viro
Joanni Stoffler Justingensi,
Mathematum professori,
Philippus Melanchthon S. D.

    Sermonem de liberalibus Artibus habui nuper, vir clariss., pro more istorum,
qui in philosophorum scholis rhetoricantur; eum dicare visum est tibi, cum quod
ejuscemodi sit argumentum, quod adscrere nomini ipse tuo jure queas, tum hoc munere pietatem tibi meam probare contendam. Etenim debeo humanitati tuae, non
quantum agnosco, sed quantum agnosse me cupio. Cupio autem, quantum decet. Jam
quae te non decent omnium insignia laudum, qui tot annos, tanto studio mathematum
abstrusa recludis, qui tanto 'studiosos omnes atque adeo me favore complecti, eoque

ceu stimulo ad gloriam excitare soles. Id quod sensi tacitus, cum interpretandi Arati munere nos onerares. Nihil ardentius, nihil majore voluptate unquam coepi, et spero, rem casuram non infoeliciter, modo tu adspires porro. Vertimus aliquantum operis latino carmine, neque vero quo veteres modo, qui imitati potius quam interpretati videntur. Tu interim, dum illud absolutum fuerit, hanc habe oratiunculam officiosi animi testem. Fortasse lautiorem voles et magis elegantem, sed fieri nequibat, is est rerum acervus, brevibus confudi plurima, et vereor, ne non decora sit varietas, perinde atque id est, quod Lucianus ait, Kamêlos en Aigyptioisin. Vale. Tubingæ.

10) Urkunden des württemberg. Staatsarchivs zu Stuttgart.

6.

Ich Hanns Caspar vonn Bubennhoffenn Ritter Lanndtvogt zu Mümppelgart ꝛc. bekenn offennlich mit disem brieff, nachdem der durchleuchtig hochgeborne Fürst min gnediger Her Hertzog Ulrich zu Wirttemberg ꝛc. sich vmb Neuntzig gulbin Reseruats vff zway Zil jerlichs zu bezalen gegen maister Hansen Stoffler alltenn pfarrer zu Justingenn für mich verschribenn hat, also vnnd Jn dergestalt, wo ich die vff ain oder mer Zil nit bezahl, das sein gnad Jm dem pfarrer die enntrichten soll, deßhalben mir dann gebürt vnnd zustet, sein fürstlichen gnaden dagegen widerumb zu vergnügen vnnd zu versichern, damit sein gnad des Jren auch wider bekemen mog, Hierumb so hab ich für mich vnnd mine erbenn Seinen fürstlichen gnaden vnnd derselben erbenn zu ainer sicherhait vnnd rechtem benügen yngesetzt, verschribenn vnnd Hafft gemacht, min dorf Justingen mit allenn vnnd veglichenn nutzungen, rechtenn vnnd Zu- und yngehörungen nichtzit davon vßgenomen noch hindan gesetzt, Mit sollicher verbindung wo ich oder min erbenn ainichs Jars vff ain oder mer Zil an bezalung obberürter Nüntzig gulden Reseruats semig erfunden würdenn, deßhalb gedachter min gnediger Fürst vnd her der bezalung het müssen stat thun alsdann so soll sein fürstlich gnad vnnd seiner gnaden erben gut fug, macht vnnd gewalt habenn, mich oder min erbenn an dem bestimpten vnnderpfannd vnnd Dorf Justingen anzugryffen, zu seiner gnaden Hanndenn zu nemen vnnd sich selbs vonn obberürter beswernus vnnd bezalung so sein gnad für mich gethan het zu ledigen vnnd zu lösen wissentlich mit vnnd in krafft des brieffs alles getrewlich vnnd vngeuerlich Vnd des zu Urkund han ich min aigen Jnsigel für mich vnnd min erben offennlich gehenckt an disenn brieff, der geben ist vff mittwoch nach Quasimodogeniti, als man zahlt von Christi vnnsers lieben Hern gepurt Fünffzehenhundert vnnd siebenzehen Jare.

Orig. perg. mit anhängendem Sigel des Ausstellers.

7.

Wolgepornen Erwirdigen, Hochgelehrten, Gestrengen Edlen vesten vnnd fürsichtigen gnedigen Herren, Jn aller vnndertheniglait bitt ich, diß mein Suplication gnedigklich zu vernemen, gnedigen Herrn: Ich bin zu vorructen Jarn mit der pfarr zu Justingen Erlich vnd nach aller notturfft woll versehen gewest, vnnd vßer hohem ansynnen zu lob Eer vnnd nutz der wirdigen löblichen Hohenschul zu Tuwingen auch dem Fürstenthumb Wirtemperg angesonnen worden, vermelt mein Eerlich nutzlich pfarr zu verlassen, vnnd mich vff gedacht löblich vniversität gen Tuwingen gethan, vnnd alda in der Astronimy zu lesen ꝛc., des ich in warhait mir nit zu sonnderm gutem vnnd mertails disem Fürstenthumb vnnd vermelter wirdigen Vniversitet zu etwas lob bewilligt des als ich hoff nit zu klainem Ruff bemelter Vniuersität gediennt hat ꝛc. Nun gnedigen Herren in berürter Handlung ist von Hertzog Vlrichen vnnd seinen Räten mit mir daruff gehandelt, das ich vermelt mein pfarr zu Justingen des Edlen vnnd gestrengen Herrn Hannßen Caspars von Bubenhofen Ritters ꝛc. Son vbergeben vnnd daruon ich järlichs Nüntzig guldin Reseruat haben. Daran man mir järlichs viertzigth guldin in der Canntzly zu Stutgarten vff den hailigen pfingstag von gedachts Herr Hanns Caspars vnnd seiner erben wegen, so sie vff dem Fürstenthumb Wirtemberg lut besigelter Verschrybung sten haben, richten vnnd bezalen vnnd die vberigen fünfftzig guldin von gedachtem Herr Hannsen Caspan järlichs vff der hailigen drey Königtag empfahen.

Vnnd wo er Herr Hanns Casparr mir die vermelten funfftzig guldin in acht tagen nach bemelter dryer hailigen könig tag nit betzalte, so sollte man mir dieselben auch on alles vertziehen zu Stutgarten in der Canntzly vfrichten vnnd betzalen, alles lutt vnnd inhalt besigelter trefftiger brieff vnd verträg, so ich by hannden hab, wie dann Ewer gnaden, die alten Rätt des ich nit zweiffel, des noch gut wissen tragen ꝛc., an sollichem meinem Reseruat sten mir vber mein vielfaltig notturfftig erfordern die viertzig guldin in der Cantzly vff die zwen verschienen pfingsttag noch vnbetzalt vß, desgeleichen wie wol ich die obuermelten fünfftzig guldin an Hans Casparn vnd seine amptleut eruordert, so hab ich doch weder gelt noch gepürlich antwurt vff die zwen verschienen Zil mögen erlangen, vnnd nachdem aber gnedigen Herrn man verpflicht ist nach vermög vnnd Innhalt meiner besigelten brieff vnnd Verträg in der Canntzly zu Stutgarten on all ynträg vnnd Vertzug mich zu betzalen vnnd ich In diesem meinem erlebten Alter zu vfshaltung meines leibs vnnd lebens dieser Zeit in rechter Warhait gantz nottdurfftig wer, so ist an Ewer gnaden mein gantz vndterthenig fleyssig bitt, mir vermelt mein vfstellig Reseruat on ferner vfziehen gnedigclich zu geben vnnd zu betzalen, damit ich meiner narung vnnd vffenthaltung meines Lebens das nit nachtheil lyden bedörff vnd in sonderer bedrachtung, das diß Fürstenthumb des gar khein schaden oder nachtheil tregt, sonnder allein von gedachts Herr Hanns Caspars wegen, wie die alten Rät wissen, mir zu gnaden darstrecken ꝛc., so wöllen Ewr gnaden sich hierinn gnediglich bewysen, wie dann mein vnndertenig Vertruwen zu Ewer gnaden stet, das zu sampt göttlicher belonung ich mit meim armen gepett gegen Gott vmb Ewer gnad in aller vndertheniglkeit begert zu verdienen ꝛc.

 Vmb ein gnedig antwurt bittende
   Ewer gnaden gantz vnderteniger Caplan
     Maister Hanns Stöffler
   ordinarius in der Astronimy vff der wirdigen Hohenschul zu Tuwingen
      Auffschrift:
  Supplication Maister Johanns Stöfflers von Justingen
    an das Regiment in Wirtemberg

von wegen 90 fl. Reseruats von der pfar Justingen, so er Herr Hans Caspars von Bubenhofen Son vbergeben hat, deren Im zway Jarzil uffstanden, begert Inhalt Vertrags, Im die in der Cantzley zu erlegen.   1524.

8.

**Ferdinand von Gots gnaden Printz vnnd
Infannt in Hispanien Ertzhertzog zu Osterreich
Hertzog zu Burgundien etc.**

Edl Ersam gelert vnnd lieb getrew. Wir sennden Euch hierinn beschlossen ain Supplication so vnns der Ersam gelert vnnser lieber andechtiger Johann Stöffler Justingensis Mathematicus fürbracht vnnd darinn vndertenniglich angerueffen vnd gebeten hat, Sachen halb als Jr sehen vnnd vernemen werdet. Dieweil wir nun benannten Stöffler vmb seines Erbern wesen vnnd schicklicheit willen Jnnhalt seines zimlichen vnnd pitlichen begerens vnnd sonnst meniglich zum Rechten zu fürdern vnnd desselben zu verhelffen vnnd ergeen zu lassen, genediglich geneigt sind. Demnach so empfehlen wir Euch mit ernnst vnnd wellen, das Jr all Partheien in gemelter Supplication bestimbt vnnd Jnteresse zu haben vermainen, auf einen kurz angesetzten tag für Euch erfordert, Sy notturfftigklich gegen einander verhöret vnnd versuechet, Sy guetlichen mit einander zu verttragen. Wo aber die guetigkeit nit stat haben wellt, oder verfangen werden möcht, Sy alsdann Rechtlichen entschaidet, vnd ob ain oder mer taill nit erschinen, nichtsweniger auf des gehorsamen taills fürbringen vnnd begeren handelt, vollziehet vnnd verschaffet, was sich gebürt vnnd Recht ist, daran tuet Jr semiglich vnnser ernstliche Maynung. Geben zu Tübingen den vierzehenden tag des Monats Novembris. Anno &c. im fünff vnd zwanzigisten.

   Ferdinand.

            Ad Mandatum Serenissimi domini
              principis Archiducis proprium
            N(icolaus) Rabinhaubt m. p.

Auffschrift:

Den Edlen Ersamen gelerten vnnd vnnsern lieben getrewen, vnnserm Stathalter Regenten vnnd Reten vnnsers Regiments in dem Fürstenthumb Würtemberg &c.

9.

Vnsern gruß, frundlichen Willen vnd Dienst zuuor, Gestrenger besonder lieber vnd guter Frund, Nachdem sich Spenn vnd Jrrung haltenn zwischen Euch ains, vnnd dem gestrengen herrn Caspar Wintzerer Ritter anders, deßglychen Maister Hansen Justinger ordinario zu Tübingen am dritten tailen von wegen 40 gulden gült off disem Fürstenthumb Wirtemberg stende die Jr Euch zugehörig bißher vermaint hand, dargegen her Caspar Wintzerer als ob die seiner hußframen versprochenn hyratgut vnnd deßhalben Jme zuständig sin solt Spruch vnnd Vorderung bißher auch gehabt hat, so vermaint maister Hanns Justinger von Tübingen, Er sey vmb ain järlich Reseruat von wegen der Pfarr zu Justingen off dise gült vermissen vnnd das Jme sollich Reseruat daselbs zu empfahen billig vor menigklichen gebüren söll, Also das Jeglicher tail vermaint die besser gerechtigkait zu habenn, deßhalben vnnd vß Jetz erzelten Vrsachenn die verordneten Rent vnnd Camermaister des Fürstenthumbs sollich gült etlich Zytt als hinderlegt bis zu Pßtrag der sachenn Inngehalten, biewyl aber S. D. vnser gnedigster her vnns jüngst befolhen hatt, Euch zu allen tailn gelegener Zyt für vnns zu betagen vnd vnderstän die sachen gütlich hinzulegen, demnach so setzen vnnd Ernennen wir Euch hiemit ainen gütlichen tag — off Zinßtag nach dem Sontag Inuocauit nechst künfftig fruw zur Sechstenn stund vor vnns zu Stutgarten zu erschynen, verfaßt gütlicher Verhör vnnd handlung zu gewarten, standen wir guter hoffnung souil Flyß fürzuwenden, damit sollich Irrung gütlich zwischen Euch hingelegt vnnd vertragen soll werden. Wolten wir Euch im besten nit verhalten, sich darnach haben zu richten, dann diser tag den andern tailen glychermaß auch also verkündt ist.

Datum Stutgart den 18. tag Decembris anno etc. 25.

S. D. von Osterrych ꝛc. Vnsers gnebigsten hern Stathalter vnnd Regenten des Fürstenthumbs Würtemberg.

Raminger m. p.

10.

Mein willig vnd geflissen Dienst seyn Eur Herliglaytt alles zueuor an beraitt.

Wolgeborn Gestreng Hochgelertt Edell vnd vest günstig lieb Hern vnd Frewnt. Eur Herliglaytt schreiben der viertzigkh gulden gült vnd der halben main vnd der parteyen gehaltene Irre hab ich vernumen vnd gleichwoll vnder andern besselben Inhalts diser Sachen ain angesetzten tag befunden welchs tags ich mich gegen Eur Herliglaytt vast bedannckh vnd hieruor längst wo mir anders ainer von Eur Herliglaytt angesetzt wäre worden woll leiden vnd gedulden hete mögen vnd bin also auff ernenten tag inuermög berüerts Eur Herliglaytt schreibens zue bescheinen vrpittich, wolt ich Eur Herliglaytt als main günstig lieb Hern vnd Freunt zu bitten nit verhalten. Datum Cœlln am 28. tag Decembris anno etc. 25.

Caspar Wintzerer

Ritter m. p.

Auffschrift:

Den wolgepornen gestrengen hochgelerten Edell vnd vesten S. D. von Osterreich ꝛc., meines genädigisten Hern stathalltern vnd Regenten des Fürstenthumbs Wirttemberg ꝛc., meinen günstigen lieben Hern vnd freunten ꝛc.

11.

Geerte lieben Heren, ich hab uwer schriben vnd Dagsattzung fernomen vnd ist uch on Zwiffel woll zu wissen, daß ich mer dan ainmall frid vnd glett begertt hab deß vnd andeß mienß zugemu[t]ß gutz halb darumb mier noch bießhar lain Anttwirt worden ist zu dem ich och gegen mien wyder fferwartten weder recht noch rechnung hab miegen bekumen, bitt ich uch mien geerte Heren ier wellen ansehen, daß ich gnugsam an lieb vnd gutt alß ich ffermain vnbillich gestrafft bien, vnd mier zu dem vnd andere miene Hendell fried vnd glett gen, vnd mich zu vnnbarttiescher ferhör tumen laussen, Gott geb uch die Harlanttnuß, daß eß mier wyberffare.

Geerte heren, ich geste HE. Caßparn noch dem narseger zu Dybingen an der gillt laine gerechbykeit sunder gehert sie mier vnd mien arma kinder zu. her Casper hatt daß hürattgutt woll halb in vnd ist mien bochter noch vnserwiessen, vnd hatt den brieff mit gewaltt zu sien handen bracht mit sambtt andern brieffen zu stugartten genumen, so west der steffler woll, daß er sien gelt vff Jußbingen nemen soll, wie man von mier och wietter heren wirtt xc.

Datum zu Warttenffelß uff den hellig bag zu wienacht anno im XXV. Jar.
mien hand.   Hannß Casper von Bubenhoffen ritter.

Adresse:
Deß durchliechtigen Fürsten vnd Herrn Herzog Ferdinanbo stattbalter vnd Regenten zu stuttgarten, mienen gnebigen Hern.

Auffschrift:
Her hans caspar von Bubenhoffen, Ritter
begert glaybth,
soll Jme zu dem ernenten tag dabey zu seyn vnd widerum von dannen vntz an sin gewarsam gleyt geben werden, für die dern die hern statthalter vnd Regenten zu recht mechtig sien on gewerbe.

Actum 2. Januarij ao etc. 26.

12.

Actum vff den 21. Februarij Ao etc. 26.

In dem gütlichen Verhör zwischen her hanns Caspar von Buewnhoffen Ritter ains- vnd Maister Johan Stoffler von Justingen ordinarien zu Tuwingen auderstayls: von wegen 50 (Orig. L) gulden gült, so Maister Hansen von Hertzog Vlrichen von Wirtemperg verschriben seyn solt, desgleichen auch vmb vierzig gulden gült lut ains Haubbrief darumb Bradenheim verschriben vnd vnderpfandt.

Ist beiden Partyen diser Abschid geben in gegenwertigkheit der verordneten von der Camer, dwyl die 50 (L) fl. von Hertzog Vlrichen alls allein für sein person, Maister Hansen Justinger obligiert vnnd verschriben vnd Jme nit vnnderpfandet syen, vermeinen die Camermeister an Stat S. D. Maister Hansen dieselbigen nit zu bezallen schuldig seyn. wolt aber Maister Hanns die Camermeister deshalb Vordrung nit vertragen seyndt die Camermeister orbut Jme vor Stathalter vnd Regenten ains Rechtens ze seut (i. e. zu seyn).

Aber berürendt die 40 fl. gült, darumb Bradenheim verschriben, so her Hans Caspar desgleichen her Caspar Wintzerer vnd Maister Hanns die sachen vssfundig lautter vnd klar machen, wem die gült zu empfhaen gehörig vnd zustendig, standen die von der Camer ober des erpietig die vssteubigen verfallenen Zins zu bezallen vnd vßzurichtenn.

Actum ut supra.

Her Caspar von Bubnhofen hat sich vorn Regenten (oder Rent- und Campermaistern, es steht abgekürzt: Reg.) bewilligt, der 40 fl. gült halb sich alsbald rechtlich vor vns entscheiden zu lassen coch das mit der Rechtfertigung ytzt entlich fürderlich vnd vnverzegerlich fürgangen werd, dan vill Rechttag zu bestehen (oder besuchen? es steht besehen) sey in seinem Vermögen gar nit.

Maister Hans hat die Rechtfertigung gewegert vnd also abgeschiben.

13.

Durchleuchtigſter großmechtiger Fürſt ꝛc. gnedigſter her, nachdem E. D. vns, als die jüngſten zu Tuwingen geweſen, müntlichen, auch volgends ſchrifftlichen gnedigeſt in beuelhe geben, in den Irrungen, deren ſich der Erſam wolgelert Maiſter Hans Juſtingen Mathematicus vor E. D. beclagt ettlicher auſſtenten peuſion halb von der pfar Juſtingen her rürend, deren er, ſins anzögens, vff ettlichen gůlten, ſo der edel geſtreng her Hans Caſpar von Bubenhouen ritter, vff diſem Fürſtenthum Würtemperg bisher gehabt vermeint verwiſen zu ſeyn vnd bezalt zu werden, in wölche volgends der edel geſtreng her Caſpar Wintzer ritter arreſt gelegt ꝛc., all tayl ſo Intereſſe zu haben vermainen für vns zu eruordern, ſie nottburfftigkliϛ gegen einander zu verhören vnd verſuchen, in der Gutlicheit miteinander zu vertragen vnd ſo die nit ſtatt haben wolt, alsdann rechtlichen zu entſcheiden ꝛc., haben wir zu gehorſamer Volnſtreckung deſſelbigen, obgenant parthyen all vff hut für vns alher gein Stutgarten beſchrieben, wölche eigner perſonen erſchinen, die wir nach nottburfften in iren Fürbringen gehört, vnd am vorderſten vnderſtanden vorgenannte parthyen güttlichen mit vnd gegen einander zu verglychen, dwyl aber ſollichs über vnſern angekörten Vliß nit verfahen mögen, haben wir, dwyl die ſachen zum teyl E. D. ſelbſt vnd deren Camer berüren, Rent vnd Camermaiſter Ihrer Unterricht halb vernemen, vnd volgends den parthyen der nottburfft nach zu abſchid geben, dwyl gedachts maiſter Hans Juſtingers anuorderung vnd begerens geſtanden von wegen fünffzig gulden gült ſo ime von Hertzog Vlrichen von Würtemperg verſchriben ſeyn ſöllen, desglichen vmb viertzig gulden gült lut eins hobtbrieues darum Stat vnd ampt Brackenheim verſchriben, das die verordneten Camermeiſter an ſtat E. D. Ime anfangs die 50 gulden, deren ſich hertzog Vlrich obligiert vnd one verunderpfandung gegen Im verſchriben, zu bezalen nit ſchuldig ſien, ſonder mög er die by hertzog Vlrichen, als ein perſönliche auſprach wel eruordern, ob er aber ſie die Camermaiſter deshalb vorderung nit vertragen mög, ſien dieſelbigen erbittig Ime darum vor vns rechtes zu ſeyn. Aber die viertzig gulden gült darum wie vorgemelt, ſtat vnd ampt Brackenheim verſchriben, ſo die Theyl die ſachen wiem ſollich gehörig, ausfündig luter vnd clar machten, weren ſy die camermaiſter erbietig, dem ſelbigen ſollich verfallen vnd kunfftig zins auszurichten wie ſich gepürte.

Wie wol nun her Hans Caſpar von Bubenhouen daruff ſich bewilligt, der ſachen halb zu rechtlicher Verhör vnd entlichem entſchid für uns zu kommen, iſt doch von maiſter Hans Juſtingern das ſelbig gewögert vnd er alſo abgeſchiden wyter nachzedenckens zu haben. Des ſich her Hans Caſpar hoch beſchwert vnd beclagt mit erzelung, das ſiner armut halb Ime furter nit möglich mer hierum, hernach zu reyſſen, vnd ſo er ſich ſolcher gylt halb mit hern Caſpar Wintzerer als ſeinem Dochterman güttlichen geeint, wiem die verfallen vnd künfftige Zins zuſteen ſoln, were ſie hoch vliſſig bitt vnd beger, wir wolen die jetzig auſſtenden gülten one wyteren vffzug Ime vnd ſeinem Dochterman Irer nottburfft halb voruolgen laſſen, vnd wyter nit ſperren,

So wir aber obaugeregten gnedigſten geheis von E. D. empfangen haben one ſonder E. D. vorwiſſen vnd beuelhe wir das nit wiſſen zu geſtatten, zögen doch E. D. hieneben der nottburfft nach an, das gedachter her Hans Caſpar keinswegs geſtendig, in die Verwyſung hertzog Vlrich ſo er benantem Juſtinger vff angeregte gült gethan, bewilligt zu haben, ſo iſt dawyder kein bewyſung vom Juſtinger fürgebracht, deshalb wir by vns ſelbſt nit erachten können, das hern Hans Caſparn vnd ſeinem Dochterman ſelbige gylt fuglichen vnd lenger mög vorgehalten werden. Es wurde auch durch ſie in der eydgenoßſchafft vnd Bayern ein groß geſchray darus gemacht zu allerley vnglimpff E. D. vnd diſem Fürſtenthum dienend, beshalb vnſer diemiettigſt bitt E. D. wölle hieruff Irs gemiets vns zum ylendeſten vff der poſt gnedigeſt verſtendigen vnd lutern beſcheid geben, damit wir genanten beyde Rittern vff Ir hoch clag vnd onunderleßlich anhalten mit antwurt wiſſen zu begegnen, vnd wolte E. D. das alles der nottburfft nach vnderthenigſter meynung nit verhalten. E. D. vns damit gehorſameſt beuelhend. Datum Stuttgart den 21. tag Februarij ao etc. 26.

Cantzler vnd Räthe.

An vnſern gnedigſten Herrn.

14.

Ferdinand von Gotts gnaden Prinz vnd Infant in Hiſpanien Ertzherzog zu Peſterreich Herzog zu Burgundien etc.

Edlen Erſamen gelerten vnd lieben getrewen. Wie Ir auf vnnſern müntlichen vnd ſchrifftlichen beuelch in ſachen betreffennd Maiſter Hannßen Juſſtingers Mathematicus anuorderung etlicher aufſtennder Penſionn der Er ſeinem Anzoign nach auf etlich gülten, die Hanns Caſpar von Buebnhouen auf vnſerm Fürſtenthumb Wirtemberg bisher gehabt, verwiſen ſeyn ſolle, zwiſchn Ime vnd denen, ſo ſolicher Sachen halb Intereſſe darzue zu habn vermainen, guetlichn gehanndelt vnd nachmaln Abſchid darinnen gegebn. Des habn wir aus Ewrm ſchreiben am datum den XXI. Tag Februarii nachlenngs vernommen. Vnd dieweil Ir nun der Sache lawtern vnd guetn bericht habt. So empfehlen wir Euch ernſtlichn, daß Ir von vnnſern wegn vnd in vnnſerm namen darinn ewrn guet bedunkn nach was pillich iſt hanndlet, fürnemet vnd volziehet, daran tuet Ir vnſere gefellige Maynung. Geben zu Augſpurg den fünfftn tag Martij anno etc. m XXVI.

Ferdinand.

vt. Harrach
Cantzler.

Ad mandatum Sereniſsimi domini
principis Archiducis proprium
Lewenberg (?) [1]).

Dem Edeln Erſamen gelerten vnnſern liebn getrewen Jörgen drugſeſſen Freiherrn zu Waltpurg vnſerm Stathalter vnd Regenten vnd reten vnſers Regiments in dem Fürſtenthumb Wirtemberg.

Stuttgarten.

[1]) Lünig lieſt dieſe Unterſchrift in einer Urk. von 1524 Hernberg, doch wohl unrichtig?

15.

Durchlüchter hochgeborner Fürst, gnädiger Herr,

Eweren Fürstlichen Gnaden sye zu allerzyt min ganz willig vndertänich Dienst zu bevor. Durchlüchtiger Fürst, gnädiger Herr, ewer Fürstl. Gnaden hat sich durch byt her Hansen Caspars von Bubenhofen gegen mir verschriben, mir järlichen min lebtag lanng von wegen der pfarr zu Justingen vß der Kantzly zu geben nünzyg gulden Reseruats off zwey Zyl, dargegen her Hans Caspar sich gegen ewer F. G. verschriben, die schadlos zu halten vnd darvmb brieff vnd vnderpfand ingehendigt Innhalt der Copy hieby ingeschlossen, wiland vnd ewer F. G. ist im Fürstenthumb geweßt, ist mir benannt reseruat durch gnädige hilf ewer F. G. ingangen vnd bezalt worden. Aber nach ewer F. G. abschaid stet mir vß der ain tail deß reseruats nemlich brü Jar fünfzig gulden macht fünfzig vnd hundert gulden, deren Bezalung Ich offt von dem Regiment begert hab, aber nicht mögen erlangen. Jetz in vergangner fasten ist mir ain tag gen Stugart aingesetzt worden, allda her Hans Caspar erschinen vnd entlich mir die antwurt worden, man sy mir nicht schuldig, angesehen das das vnderpfand vmb die fünffzyg gulden (das ist der brieff, so her Hans Caspar ewer F. G. vnderpfandswiß h. . . . setzt der da vßwiset fünffzyg gulden järlicher gült) sye by ewer F. G. . . . abgelößt durch den Fryhern vor Limpurg vnd min brieff so ich . . . r F. G. hab, gee sy in dem Fall nichts an, vnd verbünnt sy nicht, ... soll ich ewer F. G. vmb bezalung . . . . . . gnädiger Fürst vnd H . . bitt als alter armer . . . . man . . aller Demüttigkait durch G . . . . illen vnd vnd von wegen der gerechti . . it mich wöllen lassen berichten, ob ewer F. G. ain wissen hab, das der Fryher von Limpurg die fünffzyg gulden järlicher gült by her Hans Casparn abgelößt hab, och ob ewer F. G. her Hansen Casparn den brieff (als das vnderpfand) hinuß geben hab oder ob her Hans Caspar ain ander vnderpfand (das ich nit glöb) ingesetzt hab. Mich will bedüncken, es sye etwas klughait oder hinderlyst mit ewer F. G. gebrucht worden, die mir ietzend zu verderplichen schaden dient vnd mich miner lybnarung beröbet. Her Hans Caspar ist zu Stugart geweßt, hat ewer F. G. och mich in minem bywesen vor dem Regiment gnugsam lassen fallen, darmit ich ewer F. G. dißmals nit bekümmern will. Ich bitte got allein vnd vlissig, das er vom himel herab wölle schicken sin gerechtikait vnd ainem ieden geben nach sinem verdienen ꝛc. Ewer F. G. wölle mich armen gnädiglich hierinn bedenken vnd als schier grundlich berichten lassen. Das will ich mit minem gebett so vil mir möglich ist gegen Gott verdienen. Geben off mitwoch nach Philippi vnd Jacobi, anno XXVI.

Ewer Fürstl. Gnaden

Vndertäniger Johannes
Stöffler von Justingen zu Tübingen.

NB. Das Original ist an den mit Punkten bezeichneten Stellen durchlöchert.

16.

Bittschreiben Hannß Stöfflers an Erzherzog Ferdinanden als Inhabern des Herzogthums Würtenberg wegen außstehn obgedachten Reservats.
de anno 1525.

Durchleuchtigster Großmächtiger fürst,
Gnedigster Her,

Ich hab E. F. D. mermals min anligen, So mir drew unnd sibenzig Jerigen mann In abgang meiner lybsnarung begegnet, angepracht und het verhofft, durch mittel und fürbitt des bäpstlichen Botten unnd E. F. D. Rät, meiner Hern, doctor Fabri unnd doctor franckfurters gnedig anntwort zu erlangen, Aber ich hab bißher kheiner anttwort bekommen mögen, darumb bitt ich unnderthenigist, E. F. D. wolle mein beschweerung nochmals mit gnaden bedencken unnd hat die gestalt. Ich hab ein gutte pfarr zu Justingen gehapt und nichts wyters begert, Aber hertzog Vlrich von Würtemperg hatt wöllen, das ich mein pfar verlassen und hie ordinarie in mathematica lesen solte. Nun waist E. F. D., das nit lichtlich den fürsten Irn begern abzuschlagen ist, Also hab ich hertzog Vlrichen auch gehorsamlich willfahrt, mein pfar gegen ainem Reservat oder Pension, das mir Jerlichs mein Lebenlang 90 guldin geben werden sollen, verlassen, unnd hat sich Hertzog Vlrich für sich, sein erben und nachkommen um söllich pension als Bürg und selbschuldner verschrieben Innhalt beyligender Copey. Mir ist auch die Pension Jerlichs ruwiglich vervolgt außgenommen drew Jar, die steen mir unbezalt auß yedes Jars fünffzig guldin, Acht ich E. F. D. sey schuldig aintweders mir die bezalung bey dem besitzer der Pfarr zu verschaffen oder aber Inhalt meiner brieflichen gerechtigkeyt mir selbs bezahlung zu thun. und Irrt mich nit, das E. F. D. Regierung dieß Lannds anzeigen möchte, Als sollt von Her Caspar Klintzgerern oder anndern arest beschehen seyn, dann ich hab mit denselben nichts zu schaffen, Es gepürt sich auch nit mir mein pension unervolgt rechtens zu arestieren, darumb bitt ich nochmals In aller unnderthenigkeyt, E. F. D. wölle mein Alter unnd Lybsnarung mit sonndern gnaden bedencken und mir aintweders meiner verfallnen pension bezalung thun, oder durch den Besitzer der Pfarr zu geschehen gnediglich verschaffen, Wa ich aber sollichs bey E. F. D. mit undertheniger pitt in gnaden nit erlangen mag, So bitt ich umb gottes und der gerechtigkeyt willen, E. F. D. wöll mir umb mein forderung als umb lybsnarung fürderlich Recht unnd gerechtigkeyt verschaffen und mittailen, Mich hiemit unnderthenigist zu gnaden beuelhend.

E. F. D.   Vnnderthenigster
                  Johannes Stöffler Justingensis
                  Mathematicus.

Decretum.

Der regierung zu beuelhn, das Sy all partheyen, so hierinn Interesse zu haben vermainen, auf aien kurtz angesetzten tag für Sy erfordern, Sy notturfftiglichen gegeneinander hören und versuochen Sy gütlichen miteinander zu vertragen, wo aber die guetigkeyt nit verfahen wolte, Sy alsdann rechtlich entschaiden und ob ain oder mer tail nit erscheinen würden, alsdann nichtsweniger auf des gehorsamen tails für. In consilio principis. Den 15. Nouembr. 1525.

17.
P. Bayle: Dictionnaire historique et critique. Sixième edition, tome quatrième, Basle 1741, pag. 285 u. 698.

STOFLER (JEAN), fameux Mathématicien & Astrologue, nâquit à Justinge dans la Suaube le 10 de Décembre 1452. La bassesse de sa naissance ne l'empêcha point de s'avancer dans les études jusqu'à se faire admirer. Il cultiva son esprit selon les talens principaux qu'il avoit reçus de la nature; car se sentant propre aux Mathématiques, il s'y apliqua beaucoup plus qu'à toute autre chose. Il les enseigna à Tubinge avec tant d'habileté, qu'il s'aquit une merveilleuse réputation. Les Livres qu'il publia *A)* soutinrent & augmentérent la gloire que les Leçons lui avoient aquise *): mais il ne réüssit pas dans les Pronostics qu'il eut la hardiesse de publier. Il avoit dénoncé un grand déluge pour l'année 1524, & il avoit jetté la terreur dans toute l'Europe *B)*:

*) Tiré de Melchior Adam, in Vitis Philosophorum, pag. 73, 74.

A) Les Livres qu'il publia.] Son „Kalendarium Romanum Magnum," dédié à l'Empereur Maximilien, fut imprimé [1] l'an 1518. Il avoit fait imprimer à Tübinge ses Tables Astronomiques l'année d'auparavant. Il publia aussi „Rationem compositionis Astrolabiorum; Cosmographicas aliquot Descriptiones, de Sphæra Cosmographica, hoc est, de globi terrestris artificiosa structura; de duplici terræ projectione in planum, hoc est, qua ratione commodius chartæ Cosmographicæ, quas Mappas mundi vocant, designari queant." Un Commentaire Latin sur la Sphère de Proclus, & un Traité en Allemand sur la dimension par l'astrolabe, & par le quart de cercle, & la suputation des conjonctions & des opositions, avec la censure des anciens cycles, & la prédiction des éclipses [2]). Ses Ephémérides commencent selon Vossius à l'an 1432 & finissent à l'an 1525 [3]); mais selon Melchior Adam elles commencent à l'an 1532, & s'étendent aux vingt années suivantes. Vossius est plus croiable que Melchior Adam. Celui-ci a pris sans doute pour tout l'Ouvrage ce qui n'en étoit qu'une Continuation.

B) Il avoit dénoncé un grand déluge pour l'année 1524, & il avoit jetté la terreur dans toute l'Europe.] Augustin Niphus, ayant remarqué l'etonnement qui avoit saisi les peuples depuis cette Prédiction de Stofler, publia un Livre pour faire voir que l'on n'avoit rien à craindre de ce prétendu déluge. „Cum statim a publicata Joan. Stoefleri Ephemeride diluvii istius prænuncia, Augustinus Niphus ut homines à gravi timore liberaret, quem ipsa omnibus incutiebat, libellum suum de falsa diluvii prognosticatione Carolo V obtulisset, non defuit etc [4]). "

1) A Oppenheim.
2) Tiré de Melchior Adam, in Vitis Philosophorum, pag. 74.
3) Vossius, de Scient. Mathem. pag. 186.
4) Naudæus, in Judicio de Augustino Nipho, pag. 48.

l'événement le confondit. Nous raporterons sur cela un bon nombre

La terreur étoit passée du peuple jusques aux Princes, & même jusqu'aux Savans; à quoi contribua sans doute l'accord de quantité d'Astrologues à divulguer cette menace, parmi lesquels il se trouva quelques Astronomes des plus habiles. Cirvellus Professeur en Théologie à Complute publia un Livre en Langue vulgaire, où, sans condamner en général des précautions que l'on prenoit contre le déluge, il se contentoit de condamner en particulier les fausses dépenses à quoi il voioit que l'on s'engageoit; il ouvrit des expédiens de se garantir l'inondation à juste prix. Ceux qui avoient leurs maisons proche de la mer, ou des rivieres, les abandonnoient, & vendoient à grosse parte leurs chams & leurs meubles. „Simile falsis hujusmodi, & extremæ dementiae prognosticis, fuisse illud mihi persuadeo, quo non vulgarium Ephemeridum consarcinatores dumtaxat, sed ex Astronomis peritiores multi, supremam ex imaginaria quadam eluvione, cunctis mortalibus perniciem impendere contendebant; adeoque rumoribus istis, vulgarium hominum animos perterruerant, ut metus etiam ad sapientiores pervenerit. Nam Petrus Cirvellus Hispanorum omnium sui temporis doctissimus, cum Theologiæ, in almo Complutensi Gymnasio Lectoris munere fungeretur, & vero multos, ut ipsemet inquit, fluviis, vel mari finitimos populos, jam stupido metu perculsos, domicilia ac sedes mutare vidisset, ac prædia, supellectilem, bonaque omnia, contra justum valorem sub actione distrahere, ac alia loca vel altitudine, vel siccitate magis secura requirere, sui officii esse putavit, in publica illa consternatione, quam de nihilo excitari persuasum non habebat; Consilium vernaculo ac materno idiomate conscribere, ut passim ab omnibus legeretur, quo singulis modum præscriberet, impendentis ejusmodi calamitatis præcavendæ: atque adeo ita rebus suis consulendi, ut minimum ab illa damnum reciperent [5]." Le grand Chancelier de Charles-Quint consulta sur cette consternation Pierre Martyr, qui lui répondit que le mal ne seroit pas aussi funeste qu'on le craignoit; mais que sans doute ces conjonctions des Planetes produiroient beaucoup de desordres. Le Duc d'Urbin eut besoin qu'un bon Philosophe lui prouvât dans un Ecrit imprimé, que la crainte de ce déluge étoit mal fondée. „Quod rumor ille non per Hispanias modo, sed longe lateque per Europam disseminatus fuerit, testem sistere possum Petrum Martyrem, qui de illo a Caroli V magno Cancellario percunctatus, ipsi hunc in modum ex Valloleto respondet, epistola 20 libri 34. Quid ego sentiam de pluviis, in initio anni quarti & vigesimi prædictis ab Astronomis interrogas, veras fore conjunctiones illas omnium Planetarum, & iisdem locis scio, in materiis præcipue dispositis, & particularibus regionibus aliquid magni parituras arbitror; sed neque ausim eorum sententias approbare, qui ore aperto absoluto fore alluviem ita generalem vociferantur, ut neque mari, aut ulli terrarum parti, sit ignoscendum, quin horrenda sint incommoda perpessuræ, &c. Neque

[5] Idem, ibid. pag. 46, 47.

de particularitez qui serviront à faire conoître qu'il n'est point facile

6) Naudæus, in Judicio de Augustino Nipho, pag. 47, 48.

vero tantum Cancellarius ille se ex eorum numero esse ostendit, quos vanissimus diluvii metus percellebat, sed Urbini Dux non prius ab eodem liberari potuit, quam Paulus de Middeburgo Forosemproniensis Episcopus, variis rationibus Mathematicis & Philosophicis, quas postea typis commisit, ei liquido demonstrasset, inanem esse prorsus metum omnem, quem de futuro diluvio conceperat⁶)." Guy Rangon, Général d'Armée à Florence, appréhenda que les raisons d'Augustin Niphus ne rassûrassent Charles-Quint, & ne le portassent à negliger les précautions nécessaires; c'est pourquoi il engagea un célèbre Médecin à écrire contre cet Ouvrage de Niphus, afin d'obliger Sa Majesté Impériale à pourvoir à sa sûreté, & à nommer des Inspecteurs qui visitassent le terrain dans les Provinces, & qui marquassent les endroits où les hommes & les bêtes seroient le moins exposez aux eaux du déluge. Non defuit Thomas quidam Philologus patria Ravennas, & celeberrimæ famæ Medicus, qui e vestigio libellum altum de vera diluvii prognosticatione, ad eundem Imperatorem misit, cum Præfatione, quam isthuc maxima parte referre, non alienum a proposito duxerim. Ne ex illo conventu tot sydorum in piscibus, diffortunium quodquam patereris, Guido Rangonus Rei Florentinæ armorum generalis gubernator, me monuit, & excitavit, ut de futuro diluvio anni MDXXIIII exactam ad te compositionem dirigeremus; Quatenus amoto Suessani Philosophi, jam impresso errore, locis huic maximo diluvio subditis, & ab hoc ipso alienis, diligentius circumspectis, &

annotatis, humanum genus & cætera viventia, vel tu ipse ad minus (nam ubi Imperatoris periculum, hic pro viribus & manu, & corpore, & ingenio utendum) ab eo diffortunato & horribili aspectu liberareris ⁷). Il y eut d'autres Ecrivains qui imitérent ce Médecin ⁸). La terreur fut si grande en France, que plusieurs personnes en pensérent perdre l'esprit. „In Gallia parum abfuit quin ad insaniam homines non paucos, periculi metu (diluvium) adegerit, quemadmodum apud Joannem Bochellum scriptorem Annalium Aquitaniæ; Claudium Duretum cap. 27 libri de fluxu & refluxu maris; Spiritum Roterium ordinis sancti Dominici, & sacræ apud Tolosates fidei quæsitorem, in refutatione doctrinæ cujusdam Astrologi; Augerium Ferrerium in libro quem scripsit adversus Rempublicam Bodini: Albertum Pighium in Astrologiæ defensione ad Augustinum Niphum: Eustorgium a Bello loco Poëtam vernaculum in Rythmis suis, multosque alios videre est⁹)." Lisez ces paroles de Bodin¹⁰): „Dieu a promis que le déluge n'ad„viendroit plus, & a tenu sa pro„messe: car combien que la grande „conjonction de Saturne, Jupiter „& Mars advinst au signe des Pois„son l'an M. D. XXIIII alors que „tous les Astrologues d'Asie, d'Afri„que & d'Europe predisoyent le „déluge universel, & qu'il se trou„vast plusieurs mescreans qui firent „des arches pour se sauver: & „mesmes à Toulouse le Président diluvium futurum. Hunc enim veluti conceptis verbis operi suo titulum fecit. Idem, ibid. pag. 49.
9) Idem, ibidem.
10) Bodin, de la République, Livre IV, p. m. 550.

7) Jdem, ibid. pag. 48.
8) Quemhic admodum contingit aliquando ut cæcus cæcum ducat, sic non nullis alii Philologum hunc licet aberrantem sequuti sunt; ex quibus Nicolaus Peranzonus vaticinum de vera diluvii prognosticatione, cum xx. inundationum historia, A conæ edidit. Mihique præterea videre contigit, cujusdam Michaëlis de Petra sancta, Ordinis Prædicatorum de Observantia, sacræ Theologiæ Doctoris, Reegentis studii in Conventu Minervæ, & Metaphysicam in Romano Gymnasio profitentis libellum, in defensionem Astrologorum, judicantium ex conjunctionibus Planetarum in Piscibus MDXXIV

„Auriol, quoy qu'on leur preschast la promesse de Dieu, & son serment de ne faire plus perir les hommes par le déluge: Il est bien vray que l'année aporta de grands orages & inondations d'eaux en plusieurs païs: si est-ce qu'il n'advint point de déluge".
„Un Critique de Bodin nia le fait à l'égard d'Auriol; mais voici ce qu'on repliqua: „Je pense n'avoir rien obmis, horsmis quelques choses legères & frivoles, & qui ne meritent response. Et entre autres quand vous dites en la pag. 47 qu'Auriol ne fit pas un batteau pour se sauver du Déluge que les Astrologues avoyent predit devoir advenir, l'an 1524, & que c'estoit pour pescher. Et neantmoins vous dites que le batteau est sur quatre pilliers: ce n'est pas la coutume de poser les batteaux sur des pilliers. Mais j'ay leu un Livre contre les Astrologues composé par un Jacobin nommé Spiritus Roterus, Inquisiteur de la Foy, lors qu'il estoit à Toloze, que m'a presté Raymond l'Estonat de Pamyes qui s'est habitué par deçà, & m'a conté l'occasion qu'il print de composer ce Livre contre un Astrologue, qui estoit lors à Toloze, qui se mesloit de deviner, & dire la bonne & male adventure par les Astres: mais en se Livre il escrit avoir veu que Auriol fit faire à Toloze une arche pour se sauver du Déluge. Il le pouvoit mieux scavoir que vous, qui n'estiez au lieu ni au temps d'Auriol. Et quant à ce que vous dites en la mesme pag. que Bodin a grand tort, d'avoir escrit que Auriol estoit Président, & qu'il n'estoit que Docteur Regent au droit Canon, que vous qualifiez homme audacieux, riche & sçavant, Bodin a failli & mal ariolé en ce lieu [11])". Le Septentrion ne fut pas exempt de ces alarmes: en voici la preuve. „Mali istius impendentis metum ad extremum usque Septentrionem pervasisse, testatur manifeste Cornelius Scepperus Neoportuensis, cum inter causas quibus fuit compulsus, ut librum adversus Astrologos de significationibus conjunctionum superiorum Planetarum anni MDXXIV conscriberet, eas potissimum enumerat. Adde me neque in Astrologiam scribere, sed in eos tantum, qui falsa prædictione totum in se orbem converterant. Neque enim solum vulgo eam rem persuaserunt, sed summis etiam Regibus & Principus. Occurrunt quæ hac de re me percunctatus est serenissimus Princeps D. Christiernus Daniæ, Sueviæ, Norvegiæque Rex, occurrunt & crebra vulgi suspiria, tamdiu mala sibi ominantis: quem autem hominum non impellerent hæ lacrymæ? quem non permoveret impostura, incitaret iniquitas [12])?"

Nous avons vu que Bodin raporte que les pluies & les inondations firent du ravage en divers endroits, pendant l'année de ce prétendu déluge; mais il y a des Auteurs plus dignes de foi, qui affirment que le mois de Février 1524 fut fort sec & fort serain contre l'ordinaire. Or c'étoit le tems de la conjonction, c'étoit le tems, que les Astrologues avoient marqué au déluge: de sorte qu'il semble que la sécheresse extraordinaire de ce

11) René Herpin, Apologie pour la République de Jean Bodin, page dernière.

12) Naudæus, in Judicio de A. Nipho, pag. 50.

de décréditer les Astrologues *C*); car ils ne laissèrent pas de trouver mois de Février arriva exprès pour la confusion de ces gens-là. Cardan & Origan n'ont pu pardonner à Stofler l'infamie qu'il attira sur leur métier, par un pronostic si contraire à l'évènement : laissons parler le docte Gassendi. „Memorabile certe est, quod in historiis, *) ac omnibus pene superioris sæculi libris legitur; cum Astrologi ob plureis Conjunctiones magnas, & nonnullas mediocreis in Aqueis Signis celebrandas, prædixissent mense Februario anni MDXXIV fore Diluvium generale, ac stragem tantam, quanta fuisset ante id tempus inaudita; adeo ut non paucis consternatis per Galliam, Hispaniam, Italiam, Germaniamque animis, apparassent navigia, aut comportatis farinis, aliisque rebus necessariis petiissent loca editiora; contigisse tamen, ut totus Februarius serenissimus, pulcerrimusque exstiterit; plane, ut si opera data comparatus fuisset vaticiniis Astrologorum refellendis (cum sit alioquin insolitum, abire Februarium impluvium) quod ne ipsis quidem Cardano **), & Origano †) dissimulare licuit; dolentibus illud de futuro Diluvio judicium fuisse non sine Astrologiæ infamia a Stœflero prolatum ¹⁵).“ Prenez garde que Bodin, homme crédule, & infatué d'Astrologie, répare le mieux qu'il peut la honte de Stofler; car d'un côté il fait entendre que s'il n'arriva pas un second déluge l'an 1524, ce fut à cause que Dieu l'empêcha pour ne manquer pas à sa promesse; & de l'autre il étale les malheurs dont la Chrétienté fut affligée après cette conjonction des planetes: & pour trouver mieux son compte il recourt à des faussetez; car il nous parle ¹⁴) de la Guerre des Païsans en Allemagne, & de la Ligue contre le Roi de France qui fut pris, & de la conquête de Rhodes par les Turcs. Cette Ile avoit été subjuguée l'an 1522. J'aurai bientôt à raporter une autre supercherie de cet Ecrivain.

C) Nous raporterons . . . un bon nombre de particularitez qui serviront à faire conoître qu'il n'est point facile de décréditer les Astrologues.] On a vu dans la Remarque précédente plusieurs faits touchant la Prédiction chimérique de ce prétendu déluge. Ajoutons y ce qui suit: „Ladite année mil „cinq cent vingt trois, à compter „à la manière d'Aquitaine, qui „commance l'année le jour de l'an„nonciation nostre Dame en Mars, „& finist à semblable jour, toutes „les Provinces des Gaules furent „en une merveilleuse crainte & „doubte, d'universalle inondation „d'eaues, au moyen de ce que les „Astronomiens avoient pronostiqué „qu'on moys de Fevrier de ladite „année, & commancement de l'an „mil cinq cents vingt quatre, selon „leur computation (car ils comman„cent le premier jour de Janvier) „y auroit vingt conjunctions gran„des, & moyennes, dont en y avoit „seize qui possederoient signes aqua„tiques, signifians presque à l'uni„versel monde, & aux climats, reg„nes, provinces, estats, dignités, & „a toutes creatures terrestres, & mari„nes, indubitée mutation, variation, & „alteration, telle que noz pères „n'avoient veu, ne sceu par les

*) Bochell. in Annal. Aquit. Bodin. 4. de Rep. 2. Duret. de flu. & refl. mar. c. 27. &c.

**) Libr. 7. aphor. 34.
†) 3. Par. introd. 3.

13) Gassendus, Physicæ Sect. II, Libr. VI, Oper. Tom. I, pag. 729, col. 1.

14) Bodin, de la République, Livr. IV, pag. 553.

ensuite une infinité de dupes. Quelques-uns disent qu'il annonça la fin

„historiens, ny autrement. Au mo-
„yen dequoy hommes & femmes
„furent en grand' doubte. Et plu-
„sieurs deslogerent de leurs basses
„demourances, chercherent haults
„lieux, feirent provisions de farines,
„& autres cas, & si feirent proces-
„sions, & oraisons generales, & pu-
„bliques, a ce qu'il pleust a Dieu
„avoir pitié de son peuple. Tou-
„tesfois il n'en advint rien: mais
„au contraire, ledit mois de Fevrier
„fut aussi beau qu'on le vit onc, &
„les autres mois ensuivans, mieux
„disposés qu'on ne les avoit veus dix
„ans au par avant. En quoy Dieu
„monstra par experience que la
„science d'Astronomie n'est chose
„asseurée, & quelque chose que
„demonstrent & pronosticquent les
„astres, Dieu est par dessus ¹⁵)".
L'Auteur qui me fournit ce Passage n'oublie pas les chicaneries
que les Astrologues alléguérent pour
couvrir leur deshonneur. „Toutes-
„fois, dit-il ¹⁶), aucuns Astrologues
„disoient que ces conjunctions avoi-
„ent en cours l'année precedente,
„par ce qu'en aucuns lieux y avoit
„eu plusieurs grans inondations
„d'eaues, qui avoient submergé
„maisons & terres. Aultres disoient
„que telles conjunctions ne sorti-
„royent leur effet de dix ans, pen-
„dant lesquels on verroit advenir
„plusieurs grans choses, espovan-
„tables, & dommageables: & la
„vérité a csté telle comme on verra
„cy après. Car des ladite année mil
„cinq cens vingt trois, on mois de
„Novembre, vint une petite gelée,
„qui gela la pluspart des Fromens,
„Choux, & Pommiers de Capendu.
„Et fut cassé le nombre d'un tas
„de petits Tresoriers, par lesquels
„la finance publicque de France
„estoit consumée: dont aucuns par
„gaudisserie feirent ce disticque:

„L'an mil cinq cens vingt &
quatre moins ung
„Le Choux d'yver & Threso-
riers tout ung".

A quoi songe cet Ecrivain de mettre parmi les malheurs publics la cassation des Thrésoriers qui consumoient les finances, & mangeoient le peuple? Il faloit plutôt la mettre parmi les bonnes fortunes de la Nation. A l'égard de cette gelée du mois de Novembre qu'il nomme petite, quoi qu'il lui attribue de très-grands effets, il me vient les mêmes doutes que j'ai déjà mis en avant dans l'Article de Barquin ¹⁷). Il est assez notable que Theodore de Beze ait parlé d'une semblable gelée sous l'an 1528, & qu'il l'ait donnée pour une malédiction que le suplice d'un innocent avoit attirée sur tout un Roiaume. Cuneus, Professeur à Leide, fit une Harangue sur les années climatériques l'an 1638, en quittant le Rectorat. Il y parle de la Prédiction du nouveau déluge de l'an 1524 ¹⁸) & s'en moqua, & dit que selon le témoignage de Louïs Vives, ce fut une année aussi sereine, aussi heureuse, aussi abondante que l'on en eût jamais vû ¹⁹). Vives ne dit pas précisément tout cela; mais ses paroles sont encore plus capables que celles de Cuneus de marquer l'erreur de la Prédiction. Voici comment il s'exprime: „Illud quoque Noë

---

16) Jean Bouchet, Annales d'Aquitaine, folio m. 213. Naudé & Gassendi le nomment mal Bochellus dans les Passages cités ci-dessus Citations 9) & 13). 16) Là-même.

17) Remarque A).

18) Les Imprimeurs mirent 1504. On a corrigé cette Faute dans l'Edition de Leipsic 1693.

19) Prodigium memoriæ Ludovicus Vives, auctor certissimus reliquit nullum annum æque serenum, nullam æque faustum, & ubertate notabilem fuisse. Cuneus Orat. IV, pag. 78. Edit. Lips. 1693.

du monde pour l'an 1586. Je croi qu'ils se trompent [19]): & je ne sai s'il faut croire ceux qui débitent qu'il avoit fait des Prédictions sur diluvium non siderum commistionibus assignatur, sed ultioni numinis. Verum isti (astrologi) solita temeritate sub certum horoscopum reducunt eluviem illam orbis, & similem horoscopum contigisse ferunt anno vigesimo quarto, qui annus orbem fere totum insanis istorum praedictionibus terruit, quum nullus annus memoria eorum qui viverent aut mitior aut serenior fuerit, aut suis omnibus partibus tempestivior? Primum in tanta varietate, tamque incertis iis qui annales scribunt, quem annum possunt ipsi annotare quo diluvium contigerit? Ita non dicunt hoc evenisse, quia hic erat astrorum coitus: sed quia id contigerit, talem affirmant fuisse. Hoc vero non est ab experimentis scientiam colligere, sed ad tuendam temeritatem assertionis confingere sibi experimenta. Verum irrisit istos natura, qui quo tempore natatura in aquis omnia erant minati, serenissimi ut si quando antea fulserunt soles, & ver fuit omnium amoenissimum [20].« Un docte Allemand, qui a fait des Notes sur les Harangues de Cuneus, a rapporté ce Passage de Louis Vives, & a dit aussi que Cardan a soutenu que notre Jean Stofler s'étoit trompé pour n'avoir pas été assez habile dans la Physique. Cardan s'éforce de faire voir, que la même position des astres, qui selon Stofler devoit produire des inondations, devoit amener effectivement la sérénité [21]; mais ces prétendues justifications de l'Art, par la censure de ceux qui ne l'entendent pas bien, ne méritent pas d'être écoutées dans cette occasion.

D) Quelques-uns disent qu'il annonça la fin du monde pour l'an 1586. Je croi qu'ils se trompent.] J'ai ici en vue Mr. Petit Intendant des Fortifications. Voici ses paroles : „Stofler n'avoit-il pas predit „qu'en l'année 1524 il y auroit de „si grandes inondations, que si le „monde ne devoit point finir par „le feu, il y auroit pour lors un „déluge universel, à cause des gran„des conjonctions des Planetes qui „se faisoient dans des Signes d'eau? „Ce qui intimida tellement toute „l'Europe, que beaucoup de gens „se retirerent sur des montagnes „avec des provisions de toutes „choses. D'autres preparerent des „Barques & des Navires pour se „sauver de ces grandes eaux; & „cependant le mois de Février, où „toutes ces choses devoient arriver, „fut entierement sec contre l'ordi„naire de la saison, à la honte de „l'Astrologie. N'avoit-il pas dit „aussi qu'en l'année 1586 après „une Eclipse de Soleil au mois de „May, & la conjonction de toutes „les Planetes, le Monde devoit fi„nir par la furie des vents & des „tempestes, ce qui se trouva ridi„cule [22]«. Je croi qu'on pourroit répondre hardiment à sa seconde demande par un non, & qu'il est faux que notre Jean Stofler ait prédit rien de semblable pour l'année 1586. En prémier lieu, ses Ephémérides ne s'etendent pas si avant. En second lieu, cette année-là n'a point pour son caractere, ni une éclipse de soleil au mois de Mai, ni la conjonction de toutes les Planetes. J'ai découvert ce me

20) Lud. Vives, de Veritate Fidei Christianæ, Lib. I, Cap. X, pag. 120. Edit. Basil 1544.

21) Cardan, Aphor. Astrol. Segmento. VII, Aphorism. XXXIV. apud Aug. Buchnerum in Orat. Funel. pag. m. 875.

22) Petit, Dissertation sur la nature des Cometes, pag. 337.

l'année 1588 *ß*). On ne s'accorde point sur les circonstances de sa mort: les uns prétendent *) qu'il mourut de peste à Blaubeurs le 16 de

*) Melch, Adam, in Vitis Philosophorum, pag. 74.

semble ce qui a trompé cet Auteur: il avoit lu dans Gassendi, à la suite de ce qui concerne la Prédiction du déluge, le récit d'une Prédiction touchant l'année 1186. Se fiant trop à sa mémoire quelque tems après, il aura cru que Gassendi reproche à Stofler une seconde bévue, & sur cette supposition il aura dû mettre 1586 au lieu de 1186. Pour confirmation de ma Conjecture, on va voir que l'an 1186 a les deux marques que j'ai rapportées, une éclipse de soleil [23]), & la conjonction de toutes les planetes: citons les paroles de Gassendi. „Simile vaticinium fuit, quod ex Rigordo Scaligero *) refert, scribente Astrologos tantum portendisse exitium, a ventorum, tempestatumque vehementia, ob Planetas tam inferiores, quam superiores coituros mense Septembri anni MCLXXXVI præeunte Solis defectione XI Kal. Maij, ut rerum finem imminere a nemine dubitaretur; cum eventus tamen postea coarguerit ejusce Oraculi vanitatem [24]).“ Naudé observe qu'il fit très-beau tems, lors que l'on devoit sentir des tempêtes effroiables, selon les menaces des Astrologues. „Vide sodes apud Rigordum, quid anno Christi MCLXXIX acciderit. Orientales Astrologi omnes, literis per totum orbem missis, tam secure quam si Regio diplomate res ipsa sancita fuisset, edixerant, anno septimo post, qui fuit MCLXXXVI, Planetas omnes tam inferiores, quam superiores, in unum coituros ineunte Septembri, scilicet post Eclipsim

factam XI Kalend. Mai. Indeque tantum ex ventorum, & tempestatum violentia periculi secuturum, ut ferme rebus humanis, extremum finem imminere assererent. Quid igitur postea factum est, nisi ut mortales innumeros, qui per totum illud septennium, vitam sibi præ metu, & periculorum expectatione acerbam putaverant; ineunte termino ab Astrologis illis præstituto, molles potius Favonii, quam Aquilones, & blanda sedataque Autumni temperies, quam nubila vel perturbata exciperet [25])?“ Bodin a fait ici un tour de filou; il a supposé que les Astrologues n'avoient point prédit de grands vens, mais de grandes révolutions d'état. Il a voulu par là sauver leur honneur; car par quelque bout qu'on prenne l'Histoire du Monde, on y trouve des révolutions dans l'espace de quinze ou vingt ans. „Nous trouvons aussi“, dit-il [26]), „que l'an „M. C. LXXXVI au mois de Sep- „tembre les hautes & basses pla- „netes furent conjointes: alors que „les Astrologues d'Orient, par let- „tres escrites de tous costez, comme „dit la Chronique de saint Denys, „menaacerent tous les peuples de „changemens de Républiques, qui „depuis advindrent: vray est que „l'historien a failli en ce qu'il dit, „qu'il y eut aussi eclipse de Soleil „le XI Avril [27]), & le V du mois „eclipse de Lune: impossible par „nature“.

E) Je ne sai s'il en faut croire ceux qui débitent qu'il avoit fait

23) Non pas au Mois de Mai, comme dit Monsr. Petit, mais le 21 d'Avril, Monsr. Petit, faute d'attention, ne pritpoint garde au Kal. de Gassendi. *) Præfat. in Manil.

24) Gassendus, Oper. Tom. I, pag. 729, col. I.

25) Naudæus, in Judicio de A. Nipho, p. 43. Consultez Calvisius ad anno 1186, qui observe que les Arabes d'Espagne notifièrent cette conjonction. Hine prædixerunt: Tantus, inquilnut, erit ventus, ut pulvere repletus sit arbores & turres. Inde sequentur hæc miracula: Veniet vir sapiens, Doctor veritatis. Deinde orietur quidam ex Elam, qui magnas stragos faciet. Sed nihil annotatum est, quod evenerit. Il cite Richardus: il vouloit dire aparement Rigordus.

26) Bodin, de la République, Livr. IV, pag. 557.

27) Aparemment c'est une Erreur du Copiste; car tous les Auteurs marquent cette Eclipse au XXI d'Avril.

Février 1531; les autres content qu'il mourut d'une blessure que la chute d'une planche lui fit à la tête dans son cabinet. On ajoûte qu'il avoit prévu la menace d'un tel péril *ℰ*). Il eut beaucoup d'amitié pour Munster son Disciple, & cela servit beaucoup à la République des Lettres; car sans les copies qu'il lui avoit laissé tirer de ses Ecrits, ils eussent été perdus pour jamais, lors que le feu en fit périr les originaux *).

*) Omnibus libris instrumentisque Stofleri incendio fortuito Tubingæ consumtis, nihil illarum uclubrationum evasisset; nisi multa Munsterus descripta adservasset. Melch. Adam. ubi supra.

28) Perefixe, Histoire de Henri le Grand pag. m. 92.

des Prédictions sur l'année 1588].
Année „que tous les Astrologues „judiciaires avoient dans leurs pro„nostics apellée la merveilleuse an„née, pour ce qu'ils y prevoyent si „grand nombre d'accidens étranges, „& tant de confusion dans les cau„ses naturelles, qu'ils avoient as„seuré que si elle ne voyoit la fin „du monde, elle en verroit au „moins un changement universel²⁹)".
L'Auteur du Mercure Gallo-Belgique assûre, que Stofler trouva autant de malheurs dans les Pronostics de l'an 1588, que Regiomontanus: c'est tout dire. „Joannes Regiomontanus, Mathematicus summus, aliquanto antequam Romæ anno a partu Virginis 1475 ætatis suæ 42 in vivis esse desiit, prognosticum seu vaticinium in hanc fere sententiam edidit:

Post mille expletos a partu virginis annos,
Et post quingentos rursus ab axe dator,
Octuagesimus octavus mirabilis annus
Ingruet, & secum tristia fata trahet.
Si non hoc anno totus male concidit orbis,
Si non in nihilum terra fretumque ruat;
Cuncta tamen mundi sursum ibunt atque deorsum
Imperia, & luctus undique grandis erit.

Eadem Joannes Stœfflerus, insignis Astrologus: & nostro seculo generosissimus Heros Henricus Rantzovius, in suo de annis climactericis & imperiorum periodis libello, vati-

cinatus est ³⁰)." Cet Auteur imite Bodin; car pour l'honneur de ces Astrologues il falsifie l'Histoire; il met ³⁰) le supplice de la Reine d'Ecosse à l'an 1588 ³¹). Pour divertir mon Lecteur, je le servirai ici d'une saillie de Mr. Petit Intendant des Fortifications. Ne vous semble-t-il pas, dit-il ³²), après avoir raporté les quatre derniers Vers de la Prophétie de Regiomontanus, que c'est le mesme pronostique de mot à mot que celuy du Sieur Andreas ³³), excepté que Regiomontan n'est pas encore si affirmatif pour l'année, ny se contredisant à soy-mesme. Ce fat d'André disant determinément que le monde finira dans deux ans au plus tard; incontinent après il asseure que toutes les Puissances seront anéanties, & tomberont entre les mains des Turcs; c'est à dire après la fin du Monde: & quand il n'y aura plus ny bestes ny gens. Pleust à Dieu qu'il fust la dernière, & le dernier fou de l'Astrologie.

E) D'une blessure que la chute. . . . On ajoûte qu'il avoit prévu la menace d'un tel péril.] On trouve cela dans Sethus Calvisius. „Johann. Stofflerus," dit-il ³⁴) „Justingensis, Mathematicus insignis,

29) Jansonius Doccomensis Frisius, in Mercurio Gallo-Belgico, ad init. anni 1589 apud Wolfium, Lect. memorabil. Tom. II, p. 1028. Voiez ci-dessus Rem. E) de l'Article BRUSCHIUS.

30) Ib. apud eundem Wolfium, ibidem.

31) Elle fut décapitée le 8 de Février 1587 vieux style.

32) Discours sur l'Eclipse de Soleil du 12 d'Août 1654, imprimé à la fin de la Dissertation sur les Comètes, pag. 338.

33) On fit courir à l'occasion de l'Eclipse de 1654 un Discours en Allemand & en François sous le nom de Sieur Andreas, tantôt qualifié Mathématicien de Padoue, & tantôt de Prague, avec une Attestation de la Chancellerie de Meninguen. Là même, pag. 826.

34) Sethus Calvisius, ad an. 1531, p. m. 1165.

Notez qu'il est un de ceux qui travaillèrent à reformer le Calendrier *F)* ; mais cette affaire ne fut fine que long-tems après sa mort.

certo die sibi periculum ruina imminere præviderat, & quia ædes suas satis firmas noverat; convocat in Musæum suum viros eruditos, quorum consuetudine & sermonibus recrearetur: Orta inter sobria pocula disputatio: ad controversiam explicandam e superiori loco librum depromit: sed laxato clavo asser, in quo stabant libri, in caput ejus decidit, & insigne vulnus infelici seni infligit, ex quo mortuus est die 16. Febr. Tubingæ." Vossius a ignoré que ce fait se voie dans Sethus Calvisius; car il ne le rapporte que sur la foi d'un quidam³⁵).

F) Il fut un de ceux qui travaillèrent à réformer le Calendrier.] Depuis que l'on eut proposé dans le Concile de Constance la nécessité de cette réformation, il y eut des Astronomes qui en méditèrent les moiens. Il n'est pas besoin de nommer ici ceux qui commencèrent, je dirai seulement que sous le Pontificat de Leon X, il y eut deux Ecrivains qui publièrent ce qu'ils pensoient là-dessus: l'un se nomme Paul de Middelbourg ³⁶), & l'autre est nôtre Jean Stofler. Celui-ci

35) De morte ejus sic non nemo, penes quem fides esto. Vossius, in Addit. Libri de Scient. Mathem. pag. 450.

36) Il a été Evêque de Fossombrone en Italie

adressa au Concile de Lateran ses Propositions ³⁷). Je ne parle point de Jean Marie de Tholosanis Jacobin, dont l'Ouvrage „de emendatione Calendarii Romani" fut dédié au Concile de Trente. Ce Moine rapporte que Stofler avoit proposé trois moiens dont l'un étoit le retranchement de dix jours, & c'est celui qu'on a emploié dans la conclusion de cette affaire. Frater Joan. Maria de Tholosanis ordinis prædicatorum de emendatione Calendarii Romani cap. 3 ad Concilium Tridentinum sic scribit: „Circa hujus æquinoctii reformationem reperiuntur variæ formulæ: quarum tres ponit Joan. Stoefflerus in suo Calendario propositione 39. Prima earum inter alias potissima est & facillima, secunda difficilis est, & gignens perturbationem magnam, & dissidium in ecclesia Dei per orbem diffusa. Ultima absque difficultate servari posset. Hæc ille. Secundam autem formulam vocat, qua nostri temporis correctores usi sunt, 10 dies eximentes ex uno mense ³⁸)."

37) Henricus Wolphius, ubi infra, pag. 121.

38) Henricus Wolphius, in Tractatu de Tempore & ejus mutationibus, pag. 129.

STOFLER. Dans l'article de ce celèbre Mathematicien, on devoit naturellement y trouver quelques traits de l'amitié qu'il eut pour Munster son disciple, auquel il laissa des copies de tous ses ouvrages dont celui-ci sût bien faire son profit dans le suite, & s'en servir à publier sous son nom, d'excellens Traitez ¹).

1. Mr. Bayle dans l'Article de Stofler dit, „qu'il eut beaucoup d'amitié pour Munster son disciple, & que cela servit beaucop à la Ré-

publique des Lettres; car sans les copies qu'il lui avoit laissé tirer de tous ses écrits, ils eussent été perdus pour jamais, lorsque le feu en fit perir les Originaux." Voici l'usage que nôtre Autour a fait de ces paroles, selon sa manière de concevoir les choses, & de les raporter. 1. Il pretend qu'on devoit naturellement trouver dans la nouvelle édition du Moreri quelques traits de l'amitié que Stofler eut pour Munster son disciple, mais cela est dit au hazard, car Mr. Bayle, son seul & unique Autour, ne marque point d'autre trait de son Amitié, que celui qu'on vient de voir. 2. Il assure que Stofler laissa à Munster des copies de tous ses Ouvrages. Cela signifie, que Stofler fit lui-même, ou fit faire par d'autres des copies de ses Ouvrages, & qu'en mourant il les laissa à Munster: mais ni l'un, ni l'autre est vrai; il lui laissa seulement tirer des copies de ses Ecrits. 3. Jl ajoute, que Munster en sut bien faire son profit dans la suite, & s'on servir pour publier en son nom d'excellens Traitez: c'est-à-dire, que Munster s'apropria les Ouvrages de Stofler, les publia comme siens, & en ravit la gloire à son Ami: mais quelle preuve en donne-t-il? aucune: ce n'est pas sa coutume de donner des preuves de ce qu'il avance. NOUV. OBSERV.

Inhalt.

	Seite
Vorrede	7
I. Stöfflers Abstammung und Biographie	11
II. Stöfflers Schriften	21
III. Stöffler als Professor in Tübingen	24
IV. Stöffler als Volksarzt	27
V. Stöffler als Astrolog. Seine Prophezeihung auf das Jahr 1524	31
VI. Stöffler als Mathematiker und Astronom	35
VII. Stöffler und die Calenderverbesserung	41
VIII. Stöffler als Cosmograph	45
IX. Stöffler als Mechaniker	48
Beilagen 1—17	55